国家出版基金项目
NATIONAL PUBLICATION FOUNDATION

"十四五"时期国家重点出版物
出版专项规划项目

现代化进程中的哲学问题与哲学话语
系列研究丛书

郝立新　主编

中国哲学的现代鉴照

刘增光　等——— 著

辽宁人民出版社

ⓒ刘增光 等　2023

图书在版编目（CIP）数据

中国哲学的现代鉴照 / 刘增光等著 . — 沈阳：辽
宁人民出版社，2023.5
（现代化进程中的哲学问题与哲学话语系列研究丛书 /
郝立新主编）
ISBN 978-7-205-10711-6

Ⅰ . ①中… Ⅱ . ①刘… Ⅲ . ①哲学—研究—中国—现
代 Ⅳ . ① B260.5

中国国家版本馆 CIP 数据核字（2023）第 012161 号

出版发行：辽宁人民出版社
　　　　　地址：沈阳市和平区十一纬路 25 号　邮编：110003
　　　　　电话：024-23284321（邮　购）　024-23284324（发行部）
　　　　　传真：024-23284191（发行部）　024-23284304（办公室）
　　　　　http://www.lnpph.com.cn
印　　刷：辽宁新华印务有限公司
幅面尺寸：170mm×240mm
印　　张：13.25
插　　页：2
字　　数：200 千字
出版时间：2023 年 5 月第 1 版
印刷时间：2023 年 5 月第 1 次印刷
责任编辑：李翘楚
装帧设计：留白文化
责任校对：吴艳杰
书　　号：ISBN 978-7-205-10711-6

定　　价：60.00 元

丛书主编

郝立新，中国人民大学明德书院院长，教育部长江学者特聘教授，哲学院教授，马克思主义学院教授。兼任教育部教学指导委员会（哲学专业）副主任委员，国务院学位委员会哲学学科评议组成员兼秘书长，中国马克思主义哲学史学会会长，中央马克思主义理论研究和建设工程首席专家。曾任人大哲学院院长、马克思主义学院院长。

主要研究领域：马克思主义哲学，中国特色社会主义理论体系。近年主要著作有：《当代中国马克思主义哲学研究走向》《马克思主义发展史》《新时代中国发展理念》《当代中国文化阐释》《习近平中国特色社会主义思想的哲学意蕴》（英文版）、《中国现代化进程中的价值选择》。在《中国社会科学》《哲学研究》《马克思主义研究》《人民日报》《光明日报》《新华文摘》等刊物上发表论文二百多篇。

本书作者

刘增光，中国人民大学哲学博士，现为中国人民大学哲学院副教授、博士生导师，主要研究宋明理学与经学史。主持国家社科基金项目 1 项、教育部人文社科青年基金项目 1 项等，有专著：《晚明〈孝经〉学研究》，译著：《道德愚人：置身道德高地之外》、《东西之道：〈道德经〉与西方哲学》，点校：《曹元弼〈孝经〉学著作四种》等，此外在《哲学研究》等刊物发表论文40 余篇。入选第十届兴正德·士恒青年学者（2021 年）、"致敬国学：第五届华人国学大典"之"国学星斗计划·新秀组"（2022 年）等。

总　序

　　现代化是世界性的社会运动或历史进程。从世界范围看，现代化既具有普遍性规律和共同特征，同时又具有由各国历史、制度和经济文化等条件所决定的特殊道路或具体特征。在当代，现代化与哲学之间形成了复杂而丰富的关系。哲学发展受到现代化的深刻影响，同时又对现代化进行批判性的反思和积极性的建构。现代化进程中产生的种种问题备受哲学关注，并引发哲学研究在现实维度上的拓展与深化；哲学对现代化的深层联系和发展密码进行解读，对人们从宏观上、整体上把握现代化具有重要意义。

　　改革开放之初，邓小平提出了"面向现代化、面向世界、面向未来"的深刻洞见，对中国教育和哲学社会科学发展产生了深远影响。现代化发展一直是当代中国哲学非常关注的现实问题。当我们进入新时代、迈上现代化新征程之际，需要认真思考哲学应如何继续"面向现代化"，如何进一步关注和回应中国式现代化发展进程中的重大问题。笔者认为有必要关注以下方面。

　　第一，要深入挖掘和充分运用马克思哲学思想的资源，以历史唯物主义为指导。在分析和认识现代化的过程中，存在多种解读模式或理论范式。马克思哲学思想对于我们考察和解读现代化具有重要指导意义。从一定意义上说，马克思对资本主义社会的理论分析与对资本主义现代化的理论分析是一致的。马克思关于社会历史辩证法的思想，关于对资本主义历史进步性的肯定和对资本主义的局限性的分析，关于从民族历史向世界历史的转化、从人的地域性存在向人的世界性存在的转化的论述，关于对资本逻辑的批判和对资本主义异化特别是劳动异化的分析批判，关于社会进步和人的自由而全面发展的思想，关于跨越卡夫丁峡谷的思想等，对于我们认识现代化的历史、现状和未来，对于我们比较资本主义现代化和社会主义现代化的特征和道路，具有重要的世界观和方法论意义。当前，我们秉持马克思的实践精神和批判精神，既要对现代化道路进行建设性的思考，也要对现代化进程中出现的问题进行反思性的批判。

第二，要整体地历史地把握现代化，认清现代化的整体性和复杂性。现代化是一个历史性范畴，也是一个总体性范畴。现代化既是一个历史过程，又是包含多个层次、多向维度、多种矛盾的复杂结构。各个时期、各个国家对这一概念的理解有所不同，甚至大相径庭。从总体上看，现代化是当今世界许多国家发展的重要目标和趋势。它既是历史发生的过程，又是现实进行的运动，也是未来发展的趋势。考察现代化，应该从历史与现实、民族与世界、普遍与特殊、科学与价值、建构与批判等多种维度或比较视野来思考。如果说现代化运动肇始于18世纪的西欧，那么至今已跨越三个多世纪。从世界范围看，现代化有着一些共同的指向和公认的指标，但是各个民族或国家的现代化又存在不同的发展道路、不同的具体目标。从科学维度看，现代化是一个"类似于自然发展的历史过程"，即具有其物质基础、内在的规律性，具有与社会形态发展规律相一致的客观性；从价值维度上看，现代化是由一定社会主体（民族或国家）的利益驱动、为实现一定价值目标的社会运动，是一个进行价值认知、价值认同、价值评价、价值选择、价值创造和价值实现的过程。我们要在现代化发展的规律性、必然性和主体性、价值性的统一中把握现代化，在决定性和选择性中把握现代化。一方面，要看到从传统的农业社会向现代工业社会、信息社会乃至更高文明社会转型或发展过程中必须依赖一定的物质前提、文明条件；另一方面，又要看到与现代化发展相联系的社会制度和实现路径存在多样性和选择性。

第三，深入分析现代化进程中的各种矛盾关系，探索现代化进程中如何实现社会全面进步和人的全面发展目标的路径。无论是在中国还是其他国家，现代化进程往往都存在物的发展与人的发展、物质生活与精神生活、群体发展与个体发展、人与自然环境之间的矛盾，这些矛盾在不同的历史阶段、不同的国家、不同的社会制度下，具有不同的表现和解决途径。在当代中国，如何在促进物的全面丰富的基础上促进人的全面发展、丰富人民的精神世界、提高社会的文明程度的问题日渐凸显。当前，人的现代化和共同富裕备受关注。从社会发展目标和发展动力来说，现代化的本质是人的现代化。人的现代化不是抽象的命题，它是人的发展与总体现代化进程相一致的过程，是人的素质、能力、品格、社会关系由传统状态向现代状态的转变。如果社会现代化没有体现在人的现代化上，或者没有人的现代化作为支撑，那么这样的现代化是不健全的，也是缺乏持续前进的动力的。共同富裕是全体人民的共同富裕，是物质生活和精神生活的共同富裕，是需要经过长期奋斗而逐步实现的过程。以共同富裕为价值目标的中国式现代化，不仅要促进物质文明和精神文明的发展，而且需要大力推进国家治理体系和治理能力现代化，为共同富裕提供制度保障。我们期待，中国式现代化的推进对于普惠人民、造福人类发挥更为重要的作用。

本系列丛书旨在汇聚哲学各分支领域的研究者，对世界现代化和中国式现代化进行多维透视，深化对现代化的哲学问题的研究。受到后现代思潮中解构主义影响，现代化所产生的问题被解构为各自独立的问题，这就造成问题分析与应对的桎梏。因此，有必要通过诸学科联合、相互交叉的方式，从多维视域立体地建构对于现代化问题的全面解读和辨析，进而将碎片化和孤立的视域集合成具备有机整体性、实践性、现实性和历史性的多维视域，以此来形成系统的具有实践意义的有机理论体系。哲学作为人类智慧的凝结，应当肩负起时代的责任，在现代化背景下，对人如何处理与诸多因素之间的关系问题，从思想与实践的双重维度提出应对方案与分析，给予中国现代化进程以强有力的支撑。推陈出新，建立中国自主的话语体系，成为当前哲学工作者亟须面对的重大学术命题。本系列丛书关注并研究了以下问题。

关于现代化和主体性的问题。自工业革命以来，人类生产力的发展速度有了飞跃的提升，呈加速度的状态，推动了人类历史发展，人的生存方式发生了本质性的变化，人的主体性得到了极大的觉醒。与此同时，人与自身、人与人、人与其他事物之间的关系也产生了一定的变化。在现代化过程中，人类的存在方式、交往方式、社会系统和思想观念等，都受到现代化的深刻影响。个体与社会之间的张力愈加突显，"实现自我"与"公共视野"自觉或不自觉地成为人们亟须应对的问题之一，并由此衍生出"治理主体"的合法性问题。此外，主体性的觉醒，使得个体较以往更为关注自身，那么在地方、国家乃至全球的治理过程中，个体的权利与义务、公共性以及正义，在新的时代被赋予了新的内涵，再次成为人们关注的热点。基于上述语境，现代化问题就其本质而言，是对于人的问题，是人与自身、人与人、人与其他事物之间的关系问题。现代化问题从宏观来说，包括如何处理与自然、科技、宗教、传统文化、人自身以及主体间关系等一系列问题。近代以来，人的主体性得到极大的觉醒，自人类进入现代社会，人们如何处理"过去"和"现代"成为一个普遍性问题，如何对过往进行扬弃，适应新的时代，是现代化过程中所有领域都必须面对的。现代化的过程还伴有全球化过程，使得"全球化"的一般性与"民族"的特殊性之间的碰撞，较以往更为激烈，受到人们的普遍关注。

关于建构理解和把握现代的概念框架和现代化进程中人的生存问题。"现代"是标志人类文明发展的形态学概念。从横向空间的角度来讲，现代就是指现代社会；从纵向时间的角度来看，现代就是指现代历史。当历史进入现代，哲学家以实践思维的方式关注现实，对热点问题作出与时俱进的哲学审视，从而超越虚无与喧嚣，安顿我们的心灵。置身于现代性的境遇，我们需要解读当代哲学的公共视野，反思现代性的悖论与后现代哲学的解构之维，思考如何在时代语境中哲学地"改变世界"，阐释人们在现代社会实现自我的思想根基，对人生的可能之路作出兼具现实性与超越性的价值选择，回归生活世界的精神家园。

从西方现代化的大背景看，现代是人被确认为认知主体、权利主体和欲求主体的解放时代。资本和权力以不同的方式规定了现代主体性解放在知识生产、权利保障和欲求满足三个维度上的成就与限度。现代展开为以主体性为中心，以资本和权力为两翼，以知识、权利和欲求为支点而构成的立体结构。通过阐释现代的这些基本概念及其相互关系，为探讨人类社会历史发展的现代化历程提供了宏观的总体性视野，避免了单向度的还原主义理解带来的局限。中国式现代化超越了西方现代化的资本逻辑，开创了人类文明新形态。阐释中国式现代化生成，发展、成形和达到理论自觉以及在实践中再出发的规律，是本丛书担负的一个重要使命。

关于从现代化视角关照中国哲学的问题。现代化使得历史的发展呈现出加速度的状态，使得人类自身与当下现实出现了一定的张力，并且这种张力会随着加速度的提升而增大，人受到精神与现实的双重压迫。当我们从传统文化和思想领域切入，为了缓解这种张力，我们需要对传统进行溯源。一方面，从历史的维度对既有思想和理论进一步挖掘，以历史和现实为基础，并对其进行扬弃，为新的思想和理论的建构做好基础性铺垫；另一方面，从历史之中汲取必要的历史经验，以此为依托，与现实经验相互参照，对中国哲学(广义)进行理论上的补充和建构，反思现代文明的发展，以此再返还中国哲学自身，从政治、伦理和生态三个维度对中国哲学进行建构，让理论自身能够与时代接轨，建立中国自己的学术话语体系，以满足现代化社会的发展需要。作为中国哲学(广义)有机构成中的重要组成部分，中国化的马克思主义哲学亦是如此。中国哲学具有鲜明的特点，即历史性特点、经典性特点和批判性特点，需要在历史中重新确立其主体身份，在经典研讨中激活源头活水，在批判性反思中重构自身。若不能深切把握这三个特点，就无异于失却了自我。当代中国哲学关注的问题都是全球现代化进程中的普遍性问题，如哲学的主体性与普遍性、公民教育、启蒙、权力、生态伦理、气候变化等，这些都是持久不衰的话题，既具有理论性质又富于现实意义。通过对它们的认真探讨，可以充分体现中国哲学之于现代社会、现代世界的"鉴照"。

关于现代化进程中的科学技术问题。现代化进程中最为突出的特色是人和技术的高度交互，技术在各个层面都在深入影响人的生活。这不仅反映在技术可以作为一种工具被随意使用，也反映为技术本身在重塑主体性。前沿技术的发展总是超越了现有法律和伦理框架，亡羊补牢式的研究办法不能提前预知技术可能造成的各种伦理困境，人在物的使用中始终保持高度的道德自由。所以，我们能够把握的，只能是人的意向，技术造成的结果完全由人的意向决定。随着我国进一步深化改革，国际政治经济实力进一步提升，如何处理技术发展和伦理之间的张力成为亟须解决的问题，建构一个有说服力的、能够连接人和技术人工物的主体性观念，并给技术哲学，尤其是技术伦理学讨论提供规范性资源，成为哲学的又一历史任务。当前，中国社会正在进入深度科技化时代，科技在带来巨大机遇的同时也带来诸多风险和挑战。诸多技术风险无法通过技术评估的方法得以规避，这是因为技术评估思路预设了技术是中立的工具，人是唯一的能动者这一现代形而上学，继而无法深刻理解人与技术的关系。只有克服这一现代形而上学，才能真正解决技术风险问题。技术意向性研究指出，技术并非是中立的工具，可任由人使用。技术有意向性，技术意向性始终调节人的知觉，深刻地影响人的根本存在。人与技术在能动性的生成意义上是彼此共构的。伴随科学技术和全球经济一体化的推进，现代化同人们的生活紧密交织在一起，从思维到人们的实践活动，再到社会制度，乃至人们的信仰，都受到了影响和改变。面对时代的变迁，原有的逻辑思维方式已经不能适应快速发展的现代化，逻辑和批判性思维能力的现代化成为亟待解决的时代课题。如何提高人的逻辑和批判性思维能力，是我国现代化进程中必须认真对待的问题。

关于现代化进程中的伦理问题。现代化进程极大地改变了人们的现实环境，使得人们的交往方式发生改变。而互联网的迅猛发展，对基于以往生产方式和生活方式的伦理和道德提出了挑战，如何从思路、手段、途径和方法等方面提出可行性的应对方案，如何在延续原有道德和伦理的优良因素的基础上继往开来，成为中国现代化建设过程中需要攻克的难题。其中，中国网络社会的伦理问题值得关注。网络社会具有区别于农业社会、工业社会的现时代特征，这就是以信息技术为主导的科技进步带来的人的生存方式、交往方式和时空观念的巨大改变，这是对网络社会之历史必然性的揭示。中国政府、中国企业、中国国民在网络社会中提出了多种应对方式，同时面临不少困境。研究者从理性主义现代性问题意识入手，从责任伦理出发，依据责任的大小和关联程度，着重探讨中国网络社会中的各个不同主体的责任及其实施方式，从应用伦理层面为中国网络治理的合法性和构建基于网络社会的人类命运共同体的尝试提出了学理建议。

关于国家治理体系和治理能力现代化的问题。国家治理的本质是在国家与社会之间建立一套规范性系统，这个规范性系统不能仅仅用"典章式"的制度体系来概括，而应被理解为一个良性的、"活的"社会生态系统。要建成这样一个系统，不仅需要制定一系列设计完备、相互衔接的制度体系，更需要在运行这个制度体系的过程中形成一种良性的活动机制。前者是治理体系的基础，后者是治理能力的核心。国家治理的规范性系统需要德治即伦理系统的驱动，伦理系统虽然也是一种约束机制，但这种约束是一种自我约束，其目的是追求某种道德价值。法治不但要契合这些伦理特性，而且要稳定、优化、提升和重组这些伦理特性。从国家治理的角度讲，这就是法治的规范性功能。立足于这一功能，法治构成了国家治理之规范性系统的两大支柱之一，为社会的良性运行提供了刚性的约束机制。在国家治理体系与治理能力现代化的大背景下，为构建国家治理的伦理系统提供一个理论论证和建设思路，研究者从政治与伦理的关系讨论当代政治哲学中道德主义与现实主义的关系，并提出新时代马克思主义伦理学与德治文化共同构成当代中国国家治理现代化事业的文化之基，这是一种具有中国特色的现代文化治理方案。

此外，本丛书还从马克思主义中国化时代化以及当代中国社会实践发展的角度探讨了中国式现代化的实践逻辑。

中国已踏上现代化的新征程，中国与世界的联系更加紧密。在世界历史进程中把握中国式现代化的民族性和世界性，认清中国现代化道路的特质，是中国哲学工作者的重要使命。我们期待这套丛书能为关注现代化的读者提供一些参考、引发一些思考。

十分感谢中国人民大学"双一流"建设项目和北京市"双一流"建设

项目的资助。2019年，中国人民大学哲学院承担了"北京市与中央高校共建双一流大学"项目"现代化进程中的哲学问题与哲学话语"。本丛书是该项目的成果。最后，感谢辽宁人民出版社的大力支持，使本丛书顺利出版。

郝立新

2023年4月

前 言

　　自20世纪初以来，中国哲学的叙述与研究中便存在着非常强烈的启蒙话语色彩。寻求富强，张扬科学主义，推崇民主自由，启蒙话语裹挟着现代性扑面而来。严复提倡以自由为主，以民主为用；康有为则以孔子为明究宇宙物理之创教主，又以儒家的忠恕之道为自主平等；新文化运动人士欲以科学解决人生观问题，都体现了这一倾向。换言之，中国哲学的产生本身便受益启蒙精神的内在驱动。在这种驱动之下，中国思想似乎整体都处于如王国维所言思想的"受动时代"。

　　拥抱现代性，这一方面意味着中国哲学进入了"世界历史"，成为世界历史、世界哲学的一部分——至少在中国的学者来看是这样。另一方面却也意味着中国古代哲学成了明日黄花的陈迹。近代中国最初的中国哲学的佼佼者，不论是严复还是王国维都在注重实证方法论的视域下对传统哲学予以了近乎完全否定性的批判，不论是激烈地抑或是温和地，认为中国哲学不够实证、不够可信。而由于西方学界对中国传统的研究更多是汉学的方式，而非哲学思想的方式，且由于受语言的限制，因此与中国哲学展开深层的思想对话更是显得非常难。就此来看，中国思想的"受动时代"

确乎注定要经历非常长的时间。

然而，近代以来有着深厚旧学修为的思想家也屡屡在回应西方思想的基础上，走出属于中国思想的独特道路，他们意识到，启蒙话语本身也需要接受中国思想的经验和检验。章太炎和后来的现代新儒学的哲学创造都体现了这一点。应该说，自"哲学"这一称谓进入中国以来，中国的思想者便一直在思考哲学的普遍性和特殊性问题，并由此对"中国哲学"的自主性做伸张。章太炎批评当时的西化派是"徒知主义之可贵，不知民族之可爱"，熊十力及其弟子牟宗三也明确强调中国哲学所体现的"民族精神"。且从某种意义上看，现代新儒学对现代性的反思并不如章太炎深刻。在今天看来，章太炎对中国思想中平等、自由等观念的阐发，开辟了注重中国哲学主体性——"依自不依他"——的独特思路，非常值得继承和进一步发扬。

事实上，不论是以启蒙哲学话语范式书写中国哲学史或者思想史，抑或以唯物唯心两军对战的范式书写中国哲学史，都在很大程度遗忘了中国哲学的核心问题和主体追求。中国哲学有着鲜明的特点，略述之，可梳理为历史性特点、经典性特点、批判性特点。

中国哲学的历史性特点。西哲言，哲学就是哲学史。同理，中国哲学首先是中国哲学史，如果置中国哲学史的深厚根基而不言，以比附西方哲学的概念、框架、思路来做中国哲学，这无异于自断中国思想的生机。正是历史的迁变中，中国哲学才成为其自身，否弃中国哲学史便是否弃了中国哲学本身。孔子自言"述而不作"，后世儒者在建构自己的儒学理论时，都宗师孔子，述孔子之言，阐孔子之意。其阐释儒家经典也都以求孔子之心为追求。宋明理学提出的道统论也正是中国哲学之历史性特点的典型体现。而这种历史性又与经典性紧密相关。

中国哲学的经典性特点。中国哲学与西方哲学有一大差异，此即体现在中国哲学家对经典的尊崇和重视。就西方哲学而言，我们或许可以说柏拉图的著作就是经典，但是亚里士多德已与柏拉图不同。而中国哲学，以孔子为尊，任何一个时代的儒者都基本上认同孔子以及《论语》，并且后世儒者都以"五经"为哲学思想的共同源头。这一经典性特点，使得中国历史上的思想家的哲学思想与经典诠释构成了水乳交融的关系。经学即义理之学，理学不离经学。当前经学的复兴便体现了这一趋势。中国哲学在现代中国的复兴，一定要追本溯源，重新建立与经典的内在联系。

批判性特点。在历史上，中国哲学本身有着非常强烈的批判性的品格，批判性和历史性并不冲突，二者是一体两面的关系，日新不已的哲学史，正是继承性和批判性的统一。不论是后来思想对前代思想的批评，还是思想家对过往和当时政治的反思与批评，都显示出在古代中国思想与教化的独立性，近代以来的一种批评论调往往认为古代中国是前现代性的政教合一，这本是一偏之见。而由此走向对现代性的拥抱这一极端，则更是莫大的讽刺。对现代性的批判理应也必然要纳入现代中国哲学的视域内。在因革损益中生生不息，中国哲学总是走在"未济"的途中。

概言之，中国哲学需要在历史中重新确立其主体身份，在经典研讨中激活源头活水，在批判性反思中重构自身。治中国哲学或中国思想，若不能深切把握这三个特点，那就无异于"抛却自家无尽藏，沿门托钵效贫儿"了。现代性的哲学话语本是以确立自我的主体性为核心精神，然而，中国哲学史学科的形成和发展，却使得"自我"的身份变得有些晦暗不明。哲学的身份不明，其所依附的主体之人的身份便暧昧不清。那么，"何以中国"的问题便无法解答。易言之，中国哲学的自主性与中国文化的自主性是一体的。

本书的写作由中国哲学教研室的几位老师共同完成，张立文教授、彭永捷教授、温海明教授、罗安宪教授、刘增光副教授，刘增光统稿。内容共十章，分为三编，分别为：中国哲学的反思与未来走向、中国哲学与现代社会、中国哲学与生态文明。

第一编，"中国哲学的反思与未来走向"，包含两章。第一章，张立文教授的《为道屡迁，唯变所适：百年中国哲学的反思》对百年来中国哲学研究之历程做了非常简约精练的概括，从"照着讲"到"接着讲"，从"接着讲"再到"对着讲"，每一阶段的哲学话语都与近现代中国的历史现实息息相关，非常精彩地揭示了百年来中国哲学之发展与中国社会之发展的内在共振。而真正的中国哲学，一定是在继承中国哲学遗产的基础上"自己讲"，挺立独立精神、自由思想的中国哲学。第二章，彭永捷教授的《汉语哲学如何可能？》则是指出，在中国哲学研究的历史中存在着太多格义不当的情况，这妨碍了中国哲学本身的发展。汉语哲学，不仅指运用西方哲学的汉语译名来表达哲学，而且应当指运用汉语自身的思想语汇进行哲学思考、哲学创造、哲学写作、哲学表达。建立汉语哲学，正是挺立中国哲学之自主性的核心。

第二编"中国哲学与现代社会"包含五章。第三章，彭永捷教授《儒家思想与现代公民道德教育困境的反思》，立足于现代中国的视野对儒家传统的"内圣外王"观念做了新的阐发，认为公民道德教育的落实离不开中国固有的传统。在古人的治国理念中，由道德上成熟的人来治理道德上成熟的万民，才能形成一个成熟的社会。而道德教育实具有普遍性，上至国家治理者，下及普通民众。公民的道德教育，不仅是全民的道德教育，而且是与公民作为法定政治权利和义务主体相关的道德教育。因此，如何实现公民道德教育与公民权利教育的成熟，是构建成熟社会的关键也是基础。第四章，刘增光副教授《儒家启蒙精神的鉴照》，反思近代以来中国思想史研究的启蒙话语范式，并回到儒家思想本身，接续西方哲学家对于启蒙的理解与反思，深入比较以康德为代表的西方启蒙哲学与儒学史上的宋明理学，从各自的内在脉络入手，对康德所提出的"普遍启蒙"问题予以了儒学的回答，深入揭示儒家启蒙精神的深刻性和对文明本身的批判性。启蒙是未尽的任务，我们今天自然仍需要继承儒学之精华，自觉觉他，儒学本身就是我们看待现代社会、现代世界的一种态度或者精神。第五章，温海明教授《儒家人己关系与社群民主》比较了儒家的社会伦理观念与美国实用主义哲学对人己关系的理解，在孔子与杜威之间对话和互鉴。孔子与杜威在人与己关系问题上的可能对话，因为他们都把人己之间的源初性看作是伦理和政治关系缘发性的起点。在孔子和杜威关于人伦关系的讨论中，人与己的关系是家庭、社群以及社会正义和民主的基石。这对于我们理解儒家思想的现代意义是非常重要的维度。第六章，张立文教授的《论集权与分权——由朱熹的集权和分权说推致》以朱熹为中心，讨论中国历史上的集权和分权理论及相应的历史事件，以融突和合概括朱熹的集权和分权说，这充分体现了儒家思想的中道色彩。由朱熹集权与分权的思想而推致其流，可以反思现代社会。纵观现代政治制度，基本上有五种模式：一是"全以"集权为体；二是"专以"分权为体；三是以集权为体，分权为用；四是以分权为体，集权为用；五是集权与分权互体互用，相互协调，融突和合。融突和合方能突破单纯的体用思维模式，更好地处理全球化时代人类生存所面临的各方面危机。第七章，曹峰教授《道家与谦逊之德》注意到了中国思想中"谦逊""不争"的思想品格，以道家的阐发最为深刻，道家关于谦逊的认识是基于整体性、平等性、关联性的视野展开的，道家最为重视的生长、创造、活力、稳定、平和等因素可以说都是"谦"的产物。通过主体的虚无、空灵、不盈、超越，非既定、非常识、非现实、非规范，带来客体的开放、多元、自由、通畅。这是道家可以贡献给全人类的、历久而弥新的智慧。

第三编"中国哲学与生态文明"，包含三章。第八章，刘增光副教授《理学万物一体观念的生态意蕴》，认为从先秦儒学的"亲亲仁民爱物"，到北宋理学的"民胞物与""万物一体"，再到王阳明的"物无善恶"，发展到杨起元的"顽然之物亦有知能"，明白显示出众生平等思想在儒学中的逐步推进。站在今天来看，儒、佛、道三家都是中华传统文化的组成部分，共同塑造了中华民族漫长的历史文化传统。因此，儒佛道三家的思想资源都理应成为我们今天面对人类所身处的生态环境时所应借鉴和吸取的。西方生态学理论的主流是建基于主客二分的思维基础上，相较之下，中国思想中的儒释道三家都共有的万物一体的思想观念，或许才能真正奠立人和万物并生共育、和谐共生的生态学观念。第九章，罗安宪教授《道家关于生态文明的智慧》，直陈道家有着丰富的关于生态文明的理论：1.道生物，万物平等的生态观念；2.法地、法天、法道，利而不害的生态伦理；3.知常、知止、知足，为而不争的人生态度。人类首先应当守住自己的"道"，人类首先应当端正自己的人生态度，这是生态文明的基础，也是处理人与自然关系的前提。第十章，张立文教授《中国哲学的和合理念与气候和合学的建构》则是在反思21世纪以来的新兴气候学科比如气候政治学、气候经济学等等的基础上，尝试构建一种新气候哲学。气候哲学是指人类在反思自身在政、经、文、科技、社会各项活动中价值、伦理、公平、正义等的和合。它主张主客融合、会通，摒弃排斥性的主客二分；事实与价值互渗，而非截然对立。并以宋代理学"理一分殊"为框架，提出了气候和合学，气候和合学探索统摄共相与殊相、多元与一体，以建构气候变化何以与自然科学、人文社会各学科的联系、冲突与融合，其影响、作用如何，气候和合何以可能等，面对气候动变与社会政治、经济、文化、伦理、法律、科技、宗教等诸多形相、无形相的冲突、融合，如何冲突融合而和合智慧的指导下化解诸多形相、无形相的冲突危机，而获得通体的平衡、协调、和谐。这是从中国哲学出发对气候变化问题的全新思考。

总体说来，本书所关注的问题都是全球现代化进程中会遭遇的普遍性问题。哲学的主体性与普遍性问题、公民教育问题、启蒙问题、权力问题、生态伦理、气候变化等都是持久不衰的话题，既有理论性，又具现实性。通过对这些问题的探讨可以充分体现中国哲学之于现代社会、现代世界的"鉴照"意义！

本书始于张立文教授"自己讲"的和合哲学史观念，终于张立文教授思考全球性气候变化的"和合气候学"，始终贯穿着"和生"的思想理念。很可能没有任何一个时代会比今天更需要"宽容"和"共在"的精神了。在此意义上，幻想某种文明或思想的"普遍化"与"同质性"都太傲慢。所谓"历史的终结""文明的冲突"都不免于流为人太过傲慢的认知。从中国哲学的角度看，不论是道家还是儒家都不会以"终结"为"历史"的未来，道家的"两行"之理，儒家的"道并行而不悖"都指示出，历史不会走向一种同质性文明，而是走向不同文明的共生并育、美美与共。"大同"并非同质性的齐一化，而是不齐之齐，是和而不同，和生才是历史走向的理想进境。

目　录

第一编

中国哲学的反思
与未来走向

第一章　为道屡迁，唯变所适：百年中国哲学的反思

沧海桑田，河清海晏。虽世事多变，但总归天下升平。百年来中国的思想家、哲学家怀抱"国家兴亡，匹夫有责"的激情，担当"周虽旧邦，其命维新"的使命。在百年的历史震荡中、流变中，中国哲学为变所适地硕果屡现。它们的负载者诞生了诸多中国哲学大家。他们既礼敬中国传统文化，精心挖掘所谓哲学思想的哲学思想，又以西方的哲学思想批判中国哲学思想贫乏。在此两难的紧张中，艰难地开启了中国哲学史历程，大体体现为照着讲、接着讲、对着讲、自己讲等阶段。

一、照着讲

最早以《中国哲学史》称谓的专著，是1916年中华书局出版的谢无量的《中国哲学史》，接着是1919年2月商务印书馆出版的胡适的《中国哲学史大纲》，此后中国哲学、中国哲学史不断呈现。中国有抑或没有中国哲学？金岳霖在冯友兰《中国哲学史·审查报告二》中说："所谓中国哲学史是中国哲学的史呢？还是在中国的哲学史呢？""如果我们把中国的哲学当做发现于中国的哲学，中国哲学史就是在中国的哲学史。"[1]其意是说，中国哲学不是原生型的，而是传输型的，即中国原没有哲学，没有哲学史，只为哲学在中国，而不是中国的中国哲学史。

---

[1] 金岳霖：《中国哲学史·审查报告二》，载冯友兰：《中国哲学史》下册，中华书局1961年版，第5—6页。此书系用商务印书馆旧版重印。

既然中国哲学、中国哲学史在中国，那么中国哲学史也只能照着西方讲。蔡元培在胡适《中国哲学史大纲·序》中说："中国古代学术从来没有编成系统的记载。《庄子》的《天下篇》，《汉书·艺文志》的《六艺略》《诸子略》，均是平行的记述。我们要编成系统，古人的著作没有可依傍的，不能不依傍西洋人的哲学史。所以非研究过西洋哲学史的人不能构成适当的形式。"①只能依傍西洋人的哲学史，言下之意，就是照着西洋人的哲学史讲。所以金岳霖说："我们看那本书（指胡适的《中国哲学史大纲》）的时候，难免一种奇怪的印象，有的时候简直觉得那本书的作者是一个研究中国思想的美国人，胡先生于不知不觉间所流露出来的成见，是多数美国人的成见。"②因为照着西方哲学史讲，故像研究中国思想的美国人写的，是美国人的"成见"。金岳霖认为："哲学是说出一个道理来的成见，哲学一定要有所成见。"其所谓"成见"，可理解为一种道理或者观点。

　　但在中国近代风云变幻中，由于中国落后而遭受列强帝国的侵略，一些"先进"的中国人，为救亡图存，而向西方学习，试图"师夷长技以制夷"，输入西方的器物技术、制度和价值观。在这种情境下，胡适的《中国哲学史大纲》尽管有这样那样的缺陷，但有开中国哲学风气之先的重要价值。

　　之所以说具有开中国哲学风气之先的价值，是因为其企图在新的世界形势下，把中国哲学转向现代化，与现代人文社会科学的哲学学科相接轨。在中国古人的著作中没有可依傍的情境下，唯有依傍西方的哲学史，这是时代所需，是势有必至。故而被人认为是"一部具有划时代意义的书"。蔡元培在胡适该书的"序"中认为，有四大特长：第一是证明的方

---

① 蔡元培：《中国哲学史大纲·序》，商务印书馆1919年版，第1页。
② 金岳霖：《中国哲学史·审查报告二》，中华书局1961年版，第6页。

法。要考时代，知思想的来源；辨真伪，揭实在的主义；用方法，见矛盾的议论，为后来学者开研究之法门。第二是扼要的手段。讲中国古代哲学家的思想发达史，不是哲学思想发达史，所以截断众流，从老子、孔子讲起。第三是平等的眼光。对老子以后的诸子，以平等态度指出各自长短，还本来面目。第四是系统的研究。用发展的观点，研究哲学流派来龙去脉。①

之所以说其有开中国哲学风气之先的价值，是因为度越了以往哲学史基本上为旧哲学史家范围。冯友兰在《三松堂自序》中回忆说："给我们讲中国哲学史的那位教授，从三皇五帝讲起，讲了半年，才讲到周公。"学生问他，照这样讲下去，什么时候讲完？他说："无所谓讲完不讲完。若说讲完，一句话可以讲完。若说讲不完，那就永远讲不完。"②谢无量的《中国哲学史》从唐尧、虞舜讲起，讲儒家古史传说中的伏羲画卦及神农以至黄帝尧舜，继兴伦理政治之事，作为中国哲学之渊源，构成"儒家之秘要，哲学之统宗"。并以"史传之体裁，兼流略之义旨"。③以儒家为中国哲学正宗，基本未度越传统儒家古史观的范围。他说："儒即哲学，伎即科学。官学失散，乃谓之道学，谓之理学，佛氏谓之义学，西方谓哲学，其实一也。"④如果说谢无量此书出版于五四之前，情有可原，那么钟泰的《中国哲学史》则出版于1929年的上海商务印书馆。他在之江大学教中国哲学史，该书无《绪论》，但在《凡例》中标示其趣旨："此书以史传之体裁，述流略之旨趣，故上下则详其源流，彼是亦

① 蔡元培：《中国哲学史大纲·序》，商务印书馆1919年版，第1—2页。
② 冯友兰：《三松堂自序》，生活·读书·新知三联书店1984年版，第200页。此书为冯先生赠："立文同志。冯友兰1985年，时年90。"冯先生所说的那位教授是指陈黼宸，他主张："儒学者，乃哲学之轨也。"
③ 谢无量：《中国哲学史·绪论》，中华书局1916年版，第1页。
④ 谢无量：《中国哲学史·绪论》，中华书局1916年版，第1页。

辨同异。""史家之例，或以事为题，或以人为目。""史家纪传，有合有分，或以附从，或以连及。"①基本属中国传统古史观的范围。尽管如此，其书可贵之处，是开中国哲学讲概念、范畴之先。如讲"上古三思想"，讲本天、尽人、首孝、用中、上民、大天下；讲老子思想，讲道、无为、三宝、婴儿；孔子思想，讲仁、忠恕、孝弟、五伦、成己成物、富教、小康、大同、知命之学；墨子思想，讲兼爱、非攻、节用、天志、墨经；董仲舒思想，讲天人合一说、性、仁义；朱子思想，讲理气、天命之性气质之性、居敬穷理；陆象山思想，讲立大、辨志。虽讲概念、范畴，但不明概念、范畴之间的逻辑联系，且有的思想家亦无开列概念，笼而统之，整体说缺逻辑系统。钟泰认为，"中西学术，各有系统，强为比附，转失本真。"②不太认同作中西学术的比较与会通。他们正如蔡元培所说："现在治过汉学的人虽还不少，但总是没有治过西洋哲学史的。"③故不能构成系统的中国哲学史。

冯友兰认为，蔡元培在胡适那本书中，讲其特长为扼要手段，这于当时我们正陷入毫无边际的经典注疏的大海之中，爬了半年才能望见周公。见了这个手段，觉得面目一新，精神为之一爽。胡适是照着杜威的实用主义，或称实验主义来讲。按金岳霖的说法，"冯先生的态度也是以中国哲学史为在中国的哲学史"，他的思想倾向于实在主义。④因而他与胡适一样，是照着新实在论的思想讲。冯先生说："哲学本一西洋名词。今欲讲中国哲学史，其主要工作之一，即就中国历史上各种学问中，将其可以西洋所谓哲学名之者，选出而叙述之。"⑤"所谓中国哲学者，即中国之某

---

① 钟泰：《中国哲学史·凡例》，商务印书馆1929年版，第1页。
② 钟泰：《中国哲学史·凡例》，商务印书馆1929年版，第1页。
③ 蔡元培：《中国哲学史大纲·序》，商务印书馆1919年，第1页。
④ 金岳霖：《中国哲学史·审查报告二》，中华书局1961年，第7页。
⑤ 冯友兰：《中国哲学史·绪论》，中华书局1961年版，第1页。

种学问或某种学问之某部分之可以西洋所谓哲学名之者也。所谓中国哲学家，即中国某种学者，可以西洋所谓哲学家名之者也。"①中国哲学、哲学家一依西洋之所谓哲学或西洋的哲学家。既要把整体的中国哲学打碎、打乱，从中挑出符合西洋所谓哲学的学问而叙述；从中国哲学家选出某种学者，可以西洋哲学家称之的。这样毫无疑问，中国哲学、哲学家都成为西洋哲学、哲学家的附庸，一切照着西洋讲，没有自己讲的余地。

尽管谢无量、钟泰和胡适、冯友兰等对哲学观点的理解、研究方法、思想旨趣、论述主旨，均有差分，但没有展开交流、论争。即使那位讲了半年才讲到周公的教授，"拿着胡适的一份讲义，在我们的课堂上，笑不可抑。他说：'我说胡适不通，果然就是不通，只看他的讲义名称，就知道他不通。哲学史本来就是哲学的大纲，说中国哲学史大纲，岂不成了大纲中的大纲了吗？'"②但没有学术意义上的论争。随着五四运动"新思想"影响的深入和传播，谢无量、钟泰古史派的影响被边缘化，甚至被遗忘了。

二、接着讲

"五四"运动前后，在西潮思潮激烈冲撞中，中国传统文化在一片批判、痛斥、打倒、决裂声中，逐渐退出了学术思想中统治地位。尽管一些进步青年热衷于向西方学习，但未到脱中入西、脱华入"夷"的程度。学术思想界很多人仍然坚持接续中华传统文脉，发扬中华传统精神。九一八事变爆发，日本军国主义侵占中国的东北三省，全国愤怒。随着日本军国主义逐渐吞噬中国领土，发动全面侵略战争，便与中华民族的政治、经济、文化以及价值观念、伦理道德、思想方式发生严重冲突，整个中华民

---

① 冯友兰：《中国哲学史·绪论》，中华书局1961年版，第8页。
② 冯友兰：《中国哲学史·绪论》，中华书局1961年版，第200页。

族处于危急存亡之秋，当时的中国知识分子和全国人民怀抱"国家兴亡，匹夫有责"的悲愿，以忧国忧民的忧患意识和救国救民的责任意识，或直接参与抗日武装斗争，或为弘扬中华文化抗衡日本文化侵略，或为中国之命运而积极寻求出路，或为建设新政治、新文化而探赜索隐，振兴中华民族精神，使中华民族精神和文化主体得以坚挺。

为反抗日本军国主义残暴无人道的政治、军事、文化的野蛮的侵略行径，中国人民和爱国志士奋起抗日，梁漱溟奔走各地及军政要人之间，积极推动抗日。[1]熊十力于1938年春避寇入川，悲愤交加，遂给学生讲民族精神、种原及通史，确信吾国家、民族、文化决不会亡！熊十力说："吾犹一坚确信念，日本人决不能亡我国家，决不能亡我民族"。[2]"我国人向来爱和平，贵礼让，不肯使用凶蛮手段。无阶级于内，无抢夺于外，就因为他常有维持最高文化团体的观念。这便是他的国家观念。由中国人这种观念扩充出去，人类都依着至诚、至信、至公、至善的方向去努力，可使全世界成一个最高的文化团体。"[3]中国是一个爱好和平、贵礼让，道德高尚的民族，如果世界都依着诚、信、公、善去实施，世界就成为最高的文化团体，这是熊十力的天下观。基于这样的天下观，他斥责列强不悟，做强盗抢夺、残杀的事情而不悟。"我们的东邻（按：指日本），首先以此对待我们的国族。我们今日要维持民族的生命，为宇宙真理计，为全人类谋幸福计，我们都得要保全我固有的高尚文化。我们不得不牺牲，

---

① 参见梁漱溟《忆往谈旧录》中《我所了解的蒋介石》《七七事变后的韩复榘》等，中国文史出版社1987年版，第125-145页。

② 熊十力：《中国历史讲话》，《熊十力全集》第二卷，湖北教育出版社2001年版，第759页。

③ 熊十力：《中国历史讲话》，《熊十力全集》第二卷，湖北教育出版社2001年版，第648页。

与强盗战，与凶猘战，与抢夺残杀我者，坚决力战"。[①]其维持中华民族生命，要与恶魔力战到底的精神，是中国人民的共同愿望。

一方面以武器的力战，反抗武器的侵略强盗，无论在正面战场抑或敌后战场，展开艰苦卓绝的殊死力战；另一方面以文化思想武器批判文化侵略的凶猘。日本本无文字思想，是儒学滋养其成长，在朱熹思想和王阳明思想传入日本后，朱子学和阳明学被普遍受容，并一度成为占主导的意识形态。形成以藤原惺窝和林罗山为代表的京师朱子学派，以安东省庵、贝原益轩等为代表的海西朱子学派，以山崎闇斋、三宅尚斋等为代表的海南朱子学派，以中井竹山、中井履轩等为代表的大阪朱子学派。宽政以后朱子学派以柴野栗山等为代表，水户学派以德川光圀、藤田东湖为代表。朱子学不仅成为德川幕府的官学，而且渗透到社会各阶段，并要求通俗化、普及化和易简化，因而阳明思想受到重视。五山时代的桂悟（号了庵，1424—1514）在宁波广利寺时曾与王阳明相遇，当桂悟回日本时，王阳明曾作《送日本正使了庵和尚归国序》，并将阳明的著作带回日本。曾为武士的中江藤树开创日本阳明学派，他认为"心学为由凡夫至圣人之道"。其后有渊冈山、梁川星岩、春日潜庵等重内省的德教派与熊泽蕃山、大盐中斋、吉田松阴等重实践的事功派，为明治维新作了思想准备。[②]

朱子学与阳明学本属中国宋明理学中的理体学派与心体学派，传到日本成为其主导意识形态的官学和有重大影响的理论思维形态。当日本军国主义在中国大地疯狂实行政治、经济、军事、文化侵略之时，中国的知识分子、思想家、哲学家击中日本文化思想的要害，投出智慧卓越的一

---

① 熊十力：《中国历史讲话》，《熊十力全集》第二卷，湖北教育出版社2001年版，第648页。

② 参见朱谦之：《日本的朱子学》，生活·读书·新知三联书店1958年版；朱谦之：《日本的古学及阳明学》，上海人民出版社1962年版。

枪，接着宋明理学中的朱熹理学讲和阳明心学讲，以揭出其违背朱子学和阳明学的基本思想和根本精神，批判其叛逆其先贤所遵循朱子学和阳明学的基本道义和根本礼仪。冯友兰在《新事论·序》中说："自中日战起，随学校南来，在南岳写成《新理学》一书，此书序中有云：'此书虽不着实际，而当前有许多实际问题，其解决与此书所论，不无关系'。此书成后，事变益亟，因是写一书，以讨论当前许多实际问题，名曰《新事论》。"冯先生之所以"接着讲"，是因为"对当世之巨变，中心感发，不能自已"[1]而讲的。"我们说承接，因为我们是'接着'宋明以来底理学讲底，而不是'照着'宋明以来底理学讲底。因此我们自号我们的系统为新理学"[2]。接着宋明理学讲是承接宋明道学中之理学一派，是指程颐和朱熹的理学，即朱子学，接着讲是依据冯先生所处时代的冲突与危机而讲的，而非朱熹所处的时代，故与"照着讲"有别。冯先生指出："依照其社会之理所规定之基本规律者，所以是道德底。但其社会所作之盗贼底行为，对于其所属于之较高底社会说，则是违反其所依照之理所规定之基本规律，所以是不道德底。又如在一国之内，杀人为最大底不道德。"[3]意指日本军国主义杀人，是盗贼的行为，是最不道德的，此与熊十力谴责日本侵略是强盗同工。在《新事论》中，冯先生驳斥日本军国主义侵略中国是日本进步快，是经济合作、是军阀的意思，财阀是不赞成的，以及认为中国尚未进步到一个能与日本打仗的地步，不如暂时不打等等错误的论调和投降主义不抵抗的思想。冯先生指出：日本的侵略，我们必须抗战，"我们常说我们这次抗战，有革命的性质，这些话也是一种事实的反

① 冯友兰：《新理学·自序》，商务印书馆1939年版，第1页。
② 冯友兰：《新理学·绪论》，商务印书馆1939年版，第1页。
③ 冯友兰：《新理学》，商务印书馆1939年版，第174页。

映"①。在抗日战争颠沛流离的将近十年中，冯友兰写了六部书②。"民族的兴亡与历史的变化，倒是给我许多启示和激发。没有这些启示和激发，书是写不出来的"③。是挽民族危亡的激发而作，是愿"将要造成一个新中国，在任何方面，比世界上任何一国，都有无过不及。这是我们深信，而没有丝毫怀疑底"④而作，要建立新中国，是中华民族的愿望。

冯友兰以接着朱熹理学讲，向日本文化侵略投出有力的一枪，熊十力等以接着宋明理学中王阳明心学讲，亦向日本文化侵略投出锐利的一枪。他在1944年《新唯识论全部印行记》中说："余有嘉州之行，迹遇寇机，频年积稿尽毁，友好多伤之。"由于日本飞机轰炸，累年积稿（手稿）尽毁，1938年避日寇侵略到重庆，"余孤羁穷乡破寺中，老来颠沛，加复贫困，乃强自援笔，续翻《功能章》上下，以三十年孟秋脱稿，辑为中卷。"⑤即《新唯识论》（话体文本）中卷。全书三卷，于1944年3月在重庆商务印书馆出版。贺麟说："新文化运动以来，常道陆王之学最有力量的人，当然要推梁漱溟先生。"熊十力"自造《新唯识论》，对陆（九渊）王（阳明）本心之学，发挥为绝对待的本体，且本翕辟之说，而发展设施为宇宙论，用性智实证以发挥陆之反省本心，王之致良知"⑥。熊十力在解释其唯识时说："识者，心之异名。唯者，显其殊特。即万化之原而名以本心，是最殊特。"⑦他认为老当国难，精力日衰，平生心事，寄

---

① 冯友兰：《新事论》，商务印书馆1940年版，第205页。
② 《新理学》《新事论》《新世训》《新原人》《新原道》《新知言》合称为贞元之际六书。
③ 冯友兰：《三松堂自序》，生活·读书·新知三联书店1984年版，第245页。
④ 冯友兰：《新事论》，商务印书馆1940年版，第230页。
⑤ 熊十力：《初印上中卷序言》，《熊十力全集》第三卷，湖北教育出版社2001年版，第5页。
⑥ 贺麟：《当代中国哲学》，胜利出版社1947年版，第13页。
⑦ 熊十力：《新唯识论全部印行记》，《熊十力全集》第三卷，湖北教育出版社2001年版，第3页。

之此书。因此，他对此书十分重视。他在《新唯识论》（语体文本）开章《明宗》说："今造此论，为欲悟诸究玄学者，令知一切物的本体，非是离自心外在境界，及非知识所行于境界，唯是反求实在相应故。"[1]本体即自心，不是在外的境。心是吾与万物所共同的实体。自心、本心作为万化实体，在万化中所针对不同环境的语境、存在状态、流行所由，主身秩理、涵备万德等情境，而有天、命、道、性、心、理、仁、知、明德九名，于是本心、自心便可包罗万象，统摄天地万物宇宙、社会人事活动、伦理道德规范、人性心理状态等，而构成既度越宇宙、社会、人生的形而上者，又存在于宇宙、社会、人生之中的制约者。正如贺麟所说，熊十力的哲学为陆王心学之精微化、系统化最独创之集大成者[2]。批判了日本文化侵略背离了阳明学根本精神和伦理道德规范。他作为一个有独创精神的中国哲学家，既有上求致广大宇宙本体的体悟，又有下索尽精微社会人生的自觉，以及其忧国忧民、救民族于艰难困苦的悲愿，造就他独树一帜的觉解，敢批敢立的人格。

马一浮曾主讲复性书院，他本是隐居西子湖畔的高士。贺麟说："马先生兼有中国正统儒者所应具之诗教、礼教、理学三种学养，可谓为代表传统中国文化的仅存的硕果。其格物穷理，解释经典，讲学立教，一本程朱，而其返本心性，祛习复性，则接近陆王之守约。"[3]在日寇侵略中国时，他被迫结束西子湖畔高士生活，随浙江大学师生流离转徙。他悲"吾国家民族被夷狄侵凌到此地步，吾侪身受痛苦，心怀危亡，当思匹夫有责，将何以振此垂绝之绪，成此恢复之业，拯此不拔之苦"[4]。他以拯

---

[1] 《熊十力全集》第三卷，湖北教育出版社2001年版，第13页。

[2] 贺麟：《当代中国哲学》，胜利出版公司1947年版，第13页。

[3] 贺麟：《当代中国哲学》，胜利出版公司1947年版，第16页。

[4] 马一浮：《宜山会语·说忠信笃敬》，《马一浮集》第一册，浙江古籍出版社、浙江教育出版社1996年版，第54页。

救民族危亡的忧患意识，匹夫有责的使命精神，振兴中华民族垂绝道统，必须有统全的、强大的文化实力，以发扬"六艺"的中华传统文化的主体精神，以抗衡外来的各种侵略，今中国遭日寇侵凌，要"力战不屈，理之至也"。他与诸生讲国学，接着张载的"为天地立心，为生民立命，为往圣继绝学，为万世开太平"四句教讲。之所以讲此四句教，是"教诸生立志，特为拈出，希望竖起脊梁，猛着精采，依此立志，方能堂堂地做一个人，须知人人有此责任，人人具此力量，切莫自己诿却，自己菲薄。此便是'仁以为己任'的榜样，亦即是今日讲学的宗旨"[1]。在此民族危亡之际，决不能妄自菲薄，要竖起脊梁，挺起胸膛，树立信心，负起责任，济世塞难，开太平之世。

马一浮、熊十力、冯友兰等一批知识分子在敌寇侵凌的特殊境遇中讲国学、新唯识论、新理学、"六艺"、"四句教"等。他们在中华文明遭受屈辱，亡国亡种的精神惨苦中，在颠沛流离逃难中，在敌机不断轰炸下，毅然决然继承、弘扬、创新儒学的朱子学、阳明学以及各学派的思想，构建中华文明的主体精神价值和反抗、批判文化侵略的自觉意识，重新树立民族的主体价值信念和终极关切，因而，在抗战境遇下的"接着讲"，在中国哲学史上具有重大的、特殊的价值和意义。

三、对着讲

中国谚曰："善有善报，恶有恶报"。抗战胜利，日本投降。贺麟在1947年由胜利出版公司出版了《当代中国哲学》。他说："辩证法唯物论盛行于'九一八'前居十年左右，当时有希望的青年，几乎都受此思潮的影响……于是从日本传译过来的辩证法唯物论的书籍遂充斥坊间，占据

---

[1] 马一浮：《泰和会语·横渠四句教》，《马一浮集》第一册，浙江古籍出版社、浙江教育出版社1996年版，第5页。

着一般青年的思想了。"①他认为当时青年情志上需要一个信仰,以为精神的归宿,行为的指针,辩证法唯物论便恰好提供了一个主要的信仰。辩证法唯物论以物质在于意识之先,先有物质,后有心灵,乃是科学常识。物质决定意识,身体决定心灵;辩证法原是哲学中的一个主要思想方法,为哲学家所共有,而非任何一派所能包办;其历史哲学是唯物史观,是注重社会背景的一种历史观,是下层决定上层,是人类的阶级斗争史。在辩证法唯物论思想的影响下,产生了李石岑的《中国哲学十讲》、范寿康的《中国哲学史通论》,以及张岱年《中国哲学大纲》等以唯心与唯物、辩证法与形而上学对着讲的哲学史叙述。

李石岑的《中国哲学十讲》是据1932年福建教育厅暑期讲学会的讲稿整理而成,1935年由世界书局出版。他在《绪论》中认为应以什么是物质来决定哲学的性质,中国有辩证法,也有仅少的唯物论,儒家既以拥护封建组织为职责,当然不提出它的十足的唯心论。中国的哲学现在将要开始走辩证法的唯物论的步式。范寿康在武汉大学讲授中国哲学史,于1936年由上海开明书店出版《中国哲学史通论》。他认为"所谓生产诸力及生产诸关系可以说是两种最根本、最一般的对立物,所以我们一定要把社会的发展看作两种对立物的斗争的历程时,方才对于社会的发展能够彻底理解"②。从生产力与生产关系出发,认为社会意识是社会存在的反映。这是他新观点的根本要义。"这种社会意识(即哲学的、宗教的、艺术的以及政治的各种理论)所构成的所谓观念的上层结构(就是通常所谓观念形态或意识形态),也是随着经济基础结构的变动而变动的"③。他

---

① 贺麟:《当代中国哲学》,胜利出版公司1947年版,第72页。
② 范寿康:《中国哲学史通论》,生活·读书·新知三联书店1983年版,第7页。
③ 范寿康:《中国哲学史通论·绪论》,生活·读书·新知三联书店1983年版,第20页。

又从上层结构与经济基础结构的分析中，认为"唯心论者认为意识可以支配存在，而唯物论者却以为存在对于意识是独立的，正如地球在那儿转，我们对之不能支配一样，整个的社会的变化也不是人们的思想所能任意支配的"[①]。因而，他批评了唯心论的观念论、运命论。他认为生产力与生产关系、社会存在与社会意识、经济基础与上层结构均为对立物，即对着讲。正如其自己所说"观点却与当时各家不同，主以唯物辩证法阐述我国历代各家之思想"[②]。例如他对陆九渊思想评价说："有心的存在，然后有物的存在，只有心才是唯一的实在，所以他有'心即理'的主张。他是一个彻底的唯心论者。"[③]他对王阳明哲学认为，"阳明继承陆象山的心即理的思想，建立他的绝对唯心论。"[④]以心即理说、知行合一说及致良知说系阳明学说的三大纲领，以心为本体的唯心论。他认为王夫之"深恶王守仁之说，因之对于陆九渊亦竭力攻击……夫之治学，排除迷信，注重实证，饶有科学的精神"[⑤]，而于横渠的《正蒙》尤表崇仰，意为唯物论者。李石岑与范寿康的中国哲学史基本上是将唯心论与唯物论对着讲。

接着李、范二氏之唯物、唯心对着讲，是向苏联学习和"文化大革命"期间，完全遵循苏联《联共（布）党史教程》中第四章第二节关于唯物辩证法和历史唯物主义的规定讲。认为"哲学的基本问题是思维对存在的关系问题，根据对这一问题的解决，所有的哲学派别分成两大阵营——唯物主义阵营和唯心主义阵营。唯物主义和唯心主义之间的斗争，进步的

① 范寿康：《中国哲学史通论·绪论》，生活·读书·新知三联书店1983年版，第18页。
② 范寿康：《中国哲学史通论序》，生活·读书·新知三联书店1983年版，第1页。
③ 范寿康：《中国哲学史通论》，生活·读书·新知三联书店1983年版，第365页。
④ 范寿康：《中国哲学史通论》，生活·读书·新知三联书店1983年版，第371页。
⑤ 范寿康：《中国哲学史通论》，生活·读书·新知三联书店1983年版，第415-416页。

唯物主义路线在这一斗争中的形成和发展，是哲学在许多世纪以来全部发展的规律。在唯物主义反对唯心主义的斗争中，表现出社会的进步阶级反对反动阶级的斗争"①。哲学史被规定为："科学的哲学史，是科学的唯物主义世界观及其规律底胚胎、发生与发展的历史。唯物主义既然是从唯心主义派别斗争中生长和发展起来的，那末，哲学史也就是唯物主义与唯心主义斗争的历史。"②根据这些定义，1957年1月，全国哲学史方法论讨论会上，全国著名哲学家、哲学史家总结得出结论：唯物主义——代表进步阶级——辩证法；唯心主义——代表反动阶级——形而上学的三段式。即唯物主义与唯心主义、辩证法与形而上学、进步阶级与反动阶级为对立的两大阵营。根据此规定，"反右派"斗争后，在1961年开始撰写各学科的教科书。中国科学院哲学社会科学学部哲学所中国哲学教研室，北京大学哲学系中国哲学史教研室和中国人民大学哲学系中国哲学史教研室集中编写《中国哲学史》③，将中国各个时期哲学放置在两个阵营的斗争中，对每个哲学家都首先作阶级的分析，即代表哪个阶级的利益，其次则分析其哲学属于哪个阵营，对哲学家的自然观、认识论、方法论、历史观作唯物唯心的分析。譬如讲老子的唯物主义辩证法，老子为代表小农阶级，后认为老子是唯心主义，则老子为代表没落奴隶主阶级。讲"明末及清代思想战线上斗争"，认为在哲学思想上，"唯物主义达到了古代朴素唯物主义的高度，出现了王夫之那样的唯物主义体系。唯物主义者对宋以来的唯心主义理学进行了总结性批判。明、清统治者都把程、朱的唯心主

---

① ［苏联］罗森塔尔·尤金编：《简明哲学辞典》，中共中央马克思恩格斯列宁斯大林著作编译局译，人民出版社1959年版，第373—374页。

② ［苏联］日丹诺夫：《在关于亚历山大洛夫著"西欧哲学史"一书讨论会上的发言》，李立三译，人民出版社1954年版，第4页。

③ 1960年毕业的助教，北京大学的楼宇烈、庄印，中国人民大学的张立文、王俊义，做一些辅助工作。

义理学奉为正统思想，用程、朱的客观唯心主义禁锢人民的思想意志，在残酷的阶级压迫和民族压迫之下，要鼓舞起人民的反抗意志，不从思想上打破腐朽的唯心主义理学的控制是不成的。"①

由唯心唯物、形而上学与辩证法以及进步与反动阶级对着讲，在"文化大革命"中便转换为"儒法斗争"，认为在中国哲学思想上，存在着对立的儒家与法家两大阵营。儒家代表反动的落后阶级，法家代表进步的变法的阶级。因而法家是唯物主义，讲辩证法的，儒家是唯心主义，讲"天不变，道亦不变"的形而上学的。"文化大革命"以后，各哲学史著作对"儒法斗争"作了批判。"四人帮用虚构的所谓儒法斗争史来代替各门历史学科的研究，对中国哲学史这门学科所造成的混乱和破坏是严重的……中国哲学史研究的对象，应该是通过中国历史上唯物主义和唯心主义、辩证法和形而上学这两种思想发生、发展和互相斗争、互相影响的历史。"②实即回到"文革"前的两大阵营对着讲。侯外庐先生为《中国古代著名哲学家评传》写的序中说："《评传》的作者们力求遵循社会存在决定社会意识的历史唯物主义的基本原理，既注意从阶级斗争、生产斗争和科学技术的发展规律上去考察历史事件和哲学思潮……《评传》是在马克思主义唯物史观的指导下，推陈出新的集体创作。"③这就是坚持哲学史的党性原则。

虽然《朱熹思想研究》④在出版后，受到国内外学者的好评，但是在1983年的"清除精神污染"时，有一杂志发表《评〈朱熹思想研究〉》的长文，批评该著在唯物主义和唯心主义这个马克思主义哲学基本概念

---

① 参见任继愈编：《中国哲学史》第四册，人民出版社1979年版，第9—10页。

② 北京大学哲学系中国哲学史教研室编写：《中国哲学史·编写说明》，中华书局1980年版，第1页。

③ 辛冠洁等主编：《中国古代著名哲学家评传·序》，齐鲁书社1980年版，第1—4页。

④ 张立文：《朱熹思想研究》，中国社会科学出版社1981年版。

上产生了偏差，模糊了唯物主义和唯心主义的界限，也模糊了"主观唯心主义与客观唯心主义"，"这种观点与恩格斯当年批评过的施达克的观点可以说是异曲同工"。恩格斯曾写作《路德维希·费尔巴哈和德国古典哲学的终结》一书，批评施达克的《路德维希·费尔巴哈》。既然《朱熹思想研究》与施达克"异曲同工"，又发生在恩格斯的著作之后，于是这"不仅关系到个人的学风、道德、名誉，更关系到人民的利益。恩格斯告诉我们：'马克思认为自己的最好的东西对工人来说也还不够好，他认为给工人提供的东西比最好的稍差一点，那就是犯罪'"。其实，《朱熹思想研究》是用"科学的辩证唯物主义和历史唯物主义这把解剖刀，来整理中国哲学史古籍，剖析哲学思想体系，寻求哲学思想发展规律"[①]。在该书的第五章《朱熹哲学的逻辑结构》中的第一句话说，朱熹是"中国哲学史上最伟大的客观唯心主义者"。并在该章第六节专门写了《理论思维的经验和教训》：（一）"把人们认识的某一个方面片面发展为脱离了物质，必然倒向唯心主义"；（二）"寻求物质世界的开端和终极，是走向唯心主义的一条途径"；（三）"想象没有物质的运动，必然陷入唯心主义"[②]。真实情况如此，却仍然无中生有、混淆是非、颠倒黑白、人身攻击式的批判，可谓欲加之罪，何患无辞。因而，无论是撰中国哲学史还是外国哲学史，都以唯心与唯物、辩证法与形而上学对着讲。"任何一个哲学家、哲学学派都离不开物质和意识何者是世界的本源、本质，以及世界是否能被认识两个方面，对于物质和意识何者为第一性，也就是对于世界的本源、本质是物质还是意识的不同回答，形成了唯物主义和唯心主义两大对立的哲学派别"[③]。在《日本哲学史教程》的绪论中认为："纵观日

---

① 张立文：《朱熹思想研究》，中国社会科学出版社1981年版，"序"第1页。

② 张立文：《朱熹思想研究》，中国社会科学出版社1981年版，第291、294、297页。

③ 全增嘏主编：《西方哲学史》，上海人民出版社1983年版，第2页。

本哲学发展的历史，可以看出它遵循下述哲学史的共同规律：社会存在决定社会意识，社会生产状况决定哲学的发展，在阶级社会中哲学受阶级与阶级斗争的制约，从而带有明显的党派性"①。哲学史的党派性即唯物与唯心、辩证法与形而上学两大阵营的对立。对着讲是历史特定阶段特定的理论思维形态。

四、自己讲

"回头自爱晴岚好，却立滩头数乱峰"。然"风来云散空宁碧"，改革开放又一春。中国哲学自觉醒，乾坤造化照自心。在信息智能的新时代，中国哲学有新气象、新思维、新理论、新生面，因而必须转照着讲、接着讲、对着讲为自己讲、讲自己。"自己讲"是中国的哲学毅然排除一切干扰和执着，卓然独立、自作主宰地自己讲。它是中国的哲学主体挺立于世界哲学之林的开显，它是自强不息、厚德载物、海纳百川、有容乃大的人类精神爱智反思的反思哲学思维主体，是讲中华民族精神和时代精神精华妙凝和合的主体。"讲自己"是指中国的哲学自己讲自己的哲学所谓的哲学，中国的哲学家以自己的哲学为哲学的哲学家。它是中国的哲学自己讲述自己对时代精神核心话题的体贴，讲述中国的哲学自己对"话题本身的重新发现和自己对每个时代所面临的冲突和危机的艺术化解，讲述中国的哲学自己对安心立命、价值理想和精神家园的至诚追求"。

"自己讲、讲自己"是中国的哲学理论思维形态转生和创新的前提和基础。中国的哲学每一次转生和创新的特征、性质、内因、外缘，都具有内在的逻辑必然之则，或曰中国的哲学转生、创新的标志：一是核心话题的转向。思想是时代精神的言说机制，哲学亦是人类精神思想的反思。大

---

① 王守华、卞崇道：《日本哲学史教程·绪论》，山东大学出版社1989年版，第6-7页。

凡作为时代精神的意义追寻和价值创造，化解时代面临错综复杂的冲突和危机，梳理盘根错节的生命情结，建构安身立命的精神家园。二是诠释文本的转换。文本是哲学思想言说的符号踪迹，是智能觉解的文字报告，是主体精神度越自我的信息桥梁。每个时代的哲学家必须凭借对一定文本的探赜、研究、体贴和诠释，以提炼体现时代精神的核心话题，使其全面融入民族精神和生命智慧，是哲学学派创立的文献标志。三是人文语境的转移。它是一定时代的自然生态、社会政治、经济文化、典章制度、伦理道德、价值观念、理论思维、风俗习惯、宗教信仰等生存世界、意义世界、可能世界的思议环境。这三条是中国的哲学之所以能够理论思维创新和转生的本真彰显①。

在尽究体贴中国哲学理论思维转生创新每一时期没在逻辑三规则标志之后，自己讲、讲自己的中国哲学，必须度越照着讲、接着讲、对着讲，根据三千多年来中国的哲学发展实际，自下定义：中国的哲学是指人对宇宙、社会、人生的道的道的体贴和名字体系②。所谓道的道的体贴是指人对宇宙、社会、人生的反省、反思、体悟、体验其导向、倾向、指向某一现在、未来的道路；是然之所以然的形上根据；当然之所必然的理势。

"名字"的名是指模拟事物实相的称谓，是人对于体知对象的性质、内涵的判断词，相当于现代所说的概念、范畴；"字"根据许慎的《说文解字》，即解释文字的意义。"名字体系"是指抽象概念、范畴的意义的诠释所构成的理论思维逻辑体系。唯有依据中国的哲学本真，自下定义，才能真正实现中国的哲学的自己讲、讲自己，才能在世界哲学之林中获得自己独立的、应有的地位、价值和话语权。

---

① 张立文：《和合哲学论》，人民出版社2004年版，第16-37页。

② 参见彭永捷：《朱陆之辩——朱熹、陆九渊哲学比较研究》，人民出版社2002年版，第7页。

改革开放40余年，世界已进入信息智能时代，随着哲学人文话语语境的更化，中国的哲学也应与时偕行，唯变所适。其核心话题应转现代新儒家的理气心性之学为和合学，其诠释文本亦转现代新儒家的"四书"为以《国语》为主，辅以《管子》《墨子》。所谓和合是指自然、社会、人际、心灵、文明中诸多有形相和无形相的相互冲突、融合，与在冲突、融合的动态变易过程中诸多形相和无形相和合为新结构方式、新事物、新生命的总和。和合学是指研究在自然、社会、人际、心灵、文明中存在的和合存在，并以和合的义理为依归，以及既涵摄又超越冲突、融合的学说①。

和合学是针对人类所共同面临的人与自然冲突所造成的生态危机，人与社会冲突所带来的社会人文危机、人机（机器人）危机，人与人的冲突而构成的道德危机、公私危机，人的心灵冲突而产生精神危机、信仰危机，文明之间的冲突而存有价值危机等。和合学五大冲突和各种危机的化解之道，因而和合学提供五大原理：其一，和生原理。"万物并育而不相害"，万物都是生命体，应共同发育、成长而不互相杀害。其二，和处原理。"君子和而不同"，世界上各种、各类多样不同，应共同和谐、和合、和平相处。其三，和立原理。"己欲立而立人"，自己独立、成功立业了，要帮助他者共同独立、成功立业。其四，和达原理。"己欲达而达人"，自己通达、发达，要支持、帮助他者共同通达、发达。其五，和爱原理。泛爱众，兼相爱。唯有爱，才是共生、共处、共立、共达的基础和保障，是人类生生不息的生命力所在。和合学的时代价值开显为和平、发展、合作、共赢，为人类命运共同体奠基。

---

① 参见张立文：《和合学概论——21世纪文化战略的构想》，首都师范大学出版社1996年版。《和合学——21世纪文化战略的构想》，中国人民大学出版社2006年版，第58、71页。

和合学理论思维体系的构建，中国哲学创新三规则的发现，增强了中国哲学"自己讲、讲自己"的信心和自觉。于是有可能重新思议中国哲学之所以成思潮及潮起潮落的内外因缘，各哲学思潮之间连接传承的规律性，各哲学思潮核心话题、诠释文本、人文语境为什么和怎么样变化，各哲学思潮如何体现时代精神的精华，哲学思潮未来走向，以及中国哲学在当代的理论思维形态，等等。这就不能照着西方哲学之谓哲学讲，也不能接着宋明理学讲，而只能依据中国哲学自己的特性、品格、神韵、方法的实际，自己讲自己的中国的哲学。这是古希腊"认识你自己"的逻辑延伸。"认识你自己"就得直面中国哲学思潮生命智慧的"本来面目"。中国哲学思潮的研议对象是体现时代精神精华的哲学思潮，一个时代之所以思而成潮，必有一个凝聚这个时代思潮的哲学核心话题，才能成为那个时代哲学家所共同思议和论辩的话题，无共同思议和论辩的哲学核心话题，就不能蔚为思潮。尽管那个时代的各个哲学家对时代核心话题的理解、体贴各异其趣，而呈现为多样的风采、丰富的内涵、多元的结构、百家争鸣的格局，但各哲学家自觉不自觉地为时代哲学思潮的核心话题所吸引，而参与其思议和论辩，不离其时代哲学思潮核心话题的左右。

一个时代哲学思潮核心话题的转生，既是哲学内在理论思维逻辑演化的理势，亦是那个时代所面临冲突危机的回答，于是新的哲学思潮应运而生，而开出新思潮、新生面、新气象。"子在川上曰：逝者如斯夫"（《论语·子罕》）。天地万物都在流变之中，哲学在流变，中国哲学思潮为道屡迁地在流变。先秦围绕思议"道德之意"话题，其标的是制止春秋无义战，追求一个没有斯杀、战争的和平、安定、统一的生存世界；两汉围绕思议"天人相应"话题，其宗旨是追究人之所以生存的根源、根据，回应人为什么生存的天人感应及其相互制约的问题；魏晋围绕思议"有无之辩"话题，其要旨是回应人为什么活着、人活着有何意义、以什么形式实现人生价值、能否实现人生价值问题；隋唐围绕思议"性情之原"话题，其目标是人从何来、死到何处去的灵魂安顿、终极的关切问题；宋元明清围绕思议"理气心性"话题，其宗旨是构建人格理想的超凡入圣，社会价值理想的万世开太平的安身立命、精神家园问题；当前信息智能时代围绕思议人类所共同面临的自然与生态、社会与人文、人际与道德、心灵与精神、文明与价值、人与人工智能的冲突和危机的情境下，如何化解、怎样化解，其标的是构建一个和生、和处、和立、和达、和爱的和平、发展、合作、共赢的自由、平等、公正、幸福、快乐的天和天乐、地和地乐、人和人乐的天地人共和乐的和合生存世界、意义世界和可能的人类命运共同体的和合天下。

为此张立文教授在《中国哲学逻辑结构论》《传统学引论》《新人学导论》和《中国哲学范畴发展史（天道篇、人道篇）》基础上，构建了《和合学》《和合哲学论》等，并以和合学的哲学理论思维梳理各个时期的哲学思潮，并依据中国的哲学实际的话题故事，撰写了从先秦到近现代的中国第一部《中国哲学思潮发展史》[①]，以此将中国自古及今的哲学思潮系统化、完整化逻辑地显现出来，彰显中国的哲学的性质、特色、气质、品格和神韵，其光辉的品德在世界哲学之林中独树一帜。

---

① 张立文：《中国哲学思潮发展史》，人民出版社2014年版。此书入选国家哲学社会科学成果文库，多达192万字。另可参见《中国哲学史新编》，中国人民大学出版社2007年版。

第二章　汉语哲学如何可能?

随着哲学的发展,哲学自身业已改变作为其产生之初纯粹爱智的本性,日益成为自觉反省人类文明与人类自身的活动,日益成为帮助和影响人类反思、评价和选择生存方式的助手,日益从超越现实的"无用之用"到介入现实的"有用之用"。那么,哲学在汉语世界如何被表达?哲学和汉语是一种怎么样的关系?哲学怎么处理与汉语世界自身思想传统的关系?如何用汉语从事哲学创造与哲学写作?一种汉语哲学如何可能?总之,以汉语哲学为标志的中国哲学学科建设究竟该如何推进呢?

一、汉语哲学的目标所系

从域外传入哲学,我们先是以汉语去格义西方哲学,在汉语和西方哲学语汇之间建立辞典的活动,其后随着知识背景的变化,我们再用所学得的西方哲学背景知识、西方哲学语汇去做被学者们称作"逆格义"或"洋格义"的工作,试图用西方哲学的汉语译名去言说哲学。这是建立汉语哲学的初步工作。通过这项工作,我们做到了"让哲学说汉语"[①]。这个层次的汉语哲学,其贡献主要体现在沟通中西思想文化上,使我们了解一个与自身以往的传统不同的思想传统和思想类型,并尝试模仿着学习运用这一思想资源和从事这一思想类型的思想活动。通过"中国哲学学科合法性问题"的热烈讨论,我们认识到这是一个不能令我们满意的层次。汉语哲

---

① 参见邓晓芒:《让哲学说汉语——从康德三大批判的翻译说起》,《康德哲学诸问题》,文津出版社2019年版,第331—346页。

学，不能停留于这样一种"哲学在中国"的层次；"让哲学说汉语"，也不能停留于如此使用汉语来言说哲学的方式。

那么，究竟什么是汉语哲学？我们对汉语哲学有着怎样的期待？汉语哲学，不仅指运用西方哲学的汉语译名来表达哲学，而且应当指运用汉语自身的思想语汇进行哲学思考、哲学创造、哲学写作、哲学表达。这也就意味着，所谓"让哲学说汉语"，包含着运用汉语的思想语汇来言说哲学。如此言说的汉语哲学，将不再只是西方哲学的汉语式表述，而是将哲学融入了中国思想自身的传统。这样的汉语哲学，将不再只是"哲学在中国"，而且是"中国的哲学"。这样的汉语哲学，并不只满足于一种比较哲学意义上的哲学活动，而是关注哲学创造。在此，我事先声明，对于"哲学在中国"与"中国的哲学"、用汉语言说西方哲学的汉语哲学和用汉语言说中国思想的汉语哲学、中西比较意义上的汉语哲学与作为中国本土创生的汉语哲学、"汉话胡说"①的中国哲学与"汉话汉说"的中国哲学，并不是要做个非此即彼的选择，或者对某一方面作出休止符式的了断，而是认为它们是"并行而不悖""并育而不相害"②。但我们要明了的是，相对于以往大行其道的对汉语哲学的了解和运用，当下思考的重点是，如何建立上述第二种意义上的汉语哲学？"汉语哲学"理念或范式的建立究竟有何意义或必要？

提出并自觉思考汉语哲学的问题，是基于以下几点考虑：

1.创建汉语哲学将更有助于我们自觉思考哲学与母语的关系。"物莫非指。"（《公孙龙子·指物论》）哲学是"指"，要想明此"指"，只

---

① "汉话胡说"并非是一种严谨的学术表述，只是一种形象的说法。参见彭永捷《关于中国哲学史学科的几点思考》，载《中国社会科学院院报》2003年6月5日；《论中国哲学史学科存在的合法性危机——关于中国哲学史学科的知识社会学考察》，载《中国人民大学学报》2003年第2期。

② 《中庸》："道并不行而不悖，万物并育而不相害。"

能先了解"物指",即哲学是一个家族概念。对于一个具体的哲学而言，哲学总是生存于其具体的话语系统之中。话语系统不是外在的形式，而就是哲学本身；离开了一种特定的话语系统，一种哲学就不再是其本身。无论是相对于使用外语从事哲学，还是相对于使用西方哲学的中国译名从事哲学，都不如我们使用母语本身提供的思想语汇从事哲学更加灵活和方便。我们使用汉语从事哲学，就必须考虑汉语自身的特点，展现汉语自身的魅力，使我们的思想深嵌到汉语自身的功能之中，充分发挥汉语自身的表达能力。

汉语以汉字为基础，汉字又以形声字为主。由于我们所使用的方块字具有以抽象表达形象的特点，造就了我们善于以抽象表达形象而非以抽象表达抽象的思维优势。此外，汉字字义的多样性，也造就了我们通过对字义的选择和赋予新的意义来不断地重新解读经典文本，以此来从事思想创造的独特方式。

由于对西方哲学缺乏足够的了解，在已有的汉语哲学中，大量存在着错会西方哲学之意而使用哲学语汇的现象。比如，一些研究西方哲学的学者一再试图澄清的"本体"与"本体论"。究竟把它看作是一种需要给予正名的现象，还是看作哲学来到中国的一个特有现象，看作是创造性的误读，从而作为汉语哲学的一个部分加以默认，这个问题是需要考虑的。而对于当代的中国哲学研究来说，我们有必要深入思考，如何发挥母语的特点和优势从事哲学，从而使得哲学不再成为一种远离母语的活动，不再成为一种从根本上"去中国化"的学术活动。

2.创建汉语哲学，将更有助于自觉思考哲学与我们思想传统的关系。当我们思考哲学与汉语关系时，语言提供的绝不仅仅是一些表音或表意的符号。在汉语的背后，起着支撑作用的是深厚的文化传统与文明成果。正像一些带着"天下大同"理想的人怀着满腔热情去推动世界语以及创立新的"世界语"，然而却无可避免地得到冷漠一样，一种和计算机编程语言毫无二致的语言，只能适合在与人文无关的技术领域得到广泛运用。当我们说"让哲学说汉语"时，也就包含着让哲学与自身的思想传统相融合。这种融合至少应当包含几个方面：一是必须和汉语自身的思想语汇融合，中国传统语汇也同样可以被重新选择、重新使用、重新诠释和重新表述，即可以重新进入当代哲学话语系统；二是必须和我们传统的思想类型融合，当代的中国哲学未必一定要严格按照西方哲学的思想类型范式去思考、写作和言说，也可以结合中国传统思想的范型去思考、写作和言说；三是必须和我们自身的思想成果相融合，从传统思想汲取思想资源，开发传统智慧。传统的思想语汇绝非仅是一些名词，"由词以通其道"①，思想语汇正是代表着传统思想的成果。

当我们自觉主动地思考和实践这样一种汉语哲学时，所引进和发展哲学的工作，就不再是一种从根本上抛弃、远离、颠覆自身传统的活动，而是延续和发展自身传统的活动。我们虽然并不能也不应当异想天开、画地为牢、不合时宜地返回和固守我们的传统，但可以接续和发展我们的思想传统，推动两种思想传统的融合与创生。

3.创建汉语哲学，将更有助于自觉主动地吸收西方哲学，更好地继承引进西方哲学的已有成果。中国文化大规模移植外来文化的历史经验，佛教文化是最有代表性和最具有说服力的一例。由印度传入的佛教，不仅产生了本土化的中国佛教，而且还通过理学对儒、释、道三教的整合，使佛教的思想深入到中国正统思想内部。佛教来华这一历史经验仍然适用于对西方哲学的态度。一百余年来对西方哲学的研究和引入，是一种"依傍"（如胡适、冯友兰）或完全采用（如马克思主义哲学）的态度，并由

---

① 戴震：《与是仲明论学书》，《戴震集》，汤志钧点校，上海古籍出版社1980年版，第183页。

此形成了"哲学在中国"的丰硕成果。汉语哲学的提出，同样有助于自觉主动地吸收西方哲学，有助于自觉思考：我们如何更好地移植与译介西方哲学？在汉语世界圈内，比如说海峡两岸对西方哲学的译名有何不同，何者更有胜义？更进一步，我们要思考如何去吸收西方哲学，而不单单是套用、附会西方哲学，将西方哲学变成"为我之学"。对于已有的哲学成就，虽然经由中国哲学学科合法性问题的探讨，我们认识到这样一种"中学西范""汉话胡说"的哲学存在着很大的局限，但也并非要采取"爱之欲其生，恶之欲其死"的态度，而是积极看待已有哲学范式和哲学成就的积极意义。我们并不是要终结已经来到中国的哲学，而是要进一步尝试如何使哲学成为一种新的"国学"，正如二胡被当作民族乐器用来演奏民乐一样。我们将会更加明确地提出应当消化西方哲学、汲取西方哲学，以创生汉语世界丰富多彩的哲学。作为人类思想范型的哲学与中国思想之间虽然不可通约、不可替代，但哲学在汉语世界里仍然是一项值得继续的事业，仍然可以探讨如何通过确立新的哲学或思想的范式从而对两者有一个综合或融合。

4.创建汉语哲学，将更有助于自觉思考引进哲学与哲学创造之关系。中国哲学界目前已到了一个意识到应当从事哲学创造、尝试从事哲学创造的阶段。单纯引进、依傍、模仿、运用西方哲学，造成了哲学创造力衰退、文化主体性丧失的状况。这一问题，不仅存在于哲学领域，也存在于整个人文社会科学领域。需要说明的是，我们强调文化的主体性，绝非是用一个文化民族主义就可以简单解释的主张，亦即不是单纯的文化认同问题，它更关涉文化的创造力问题。汉语哲学的提出，将使我们更加明确汉语哲学与外来哲学的主客关系，更加明确当代哲学的创造性责任，更加明确哲学与文化的主体性。

二、汉语哲学与中国哲学的当代转向

创建一种我们所理想、所期待的汉语哲学如何可能？在笔者看来，当代中国哲学需要完成以下几方面的转变：

1.从解构到建构。关于中国哲学学科合法性问题的讨论，总体上是解构性的。现在，如果我们认为中国哲学学科还有延续之必要的话，那么就必须去探索如何改弦、如何易辙。我们讨论的重点应放在如何建设中国哲学学科上来了，并应当在建设中国哲学学科的新探索中，破解和超越合法性危机。理想中的汉语哲学，应当是在中国哲学学科建设的成果中出现。

2.从"汉话胡说"到"汉话汉说"。中国哲学话语系统经历了几次转变：在接受西方哲学的早期阶段是"胡话汉说"。比如，把西方的"存在"（Beings）概念译成"万有"，把"物理"（Physics）对译成"格致"，试图以中国文化的经验去达成对新鲜的异域文化的理解。之后，则习惯于用柏拉图的理念去解释朱子之"理"，以唯物主义与唯心主义的对立去回溯唯物主义与唯心主义相斗争的中国哲学史"传统"，也就是采取"汉话胡说"模式。从中西哲学与思想文化的交流来说，"胡话汉说"与"汉话胡说"仍有必要，仍然会延续下去，但在此之外，我们还应积极探讨如何"汉话汉说"，即如何从中国传统思想的观念、义理、语汇、方式中，引申、发展出当代的哲学。

3.从旧范式到新范式。中国哲学学科合法性问题的讨论，使已有的中国哲学史写作范式失去了其作为唯一正当范式的合法性。中国哲学史学科正处于旧范式已破而新范式未立状态，处于一个呼唤和期待确立新的学术范式的时代。不只中国哲学史学科范围内如此，整个中国当代的人文学术都面临确立新的学术范式的问题。所谓"站在当代的高度"去重新诠释传统文本，也是一个颇令人疑惑的观念。通常所谓"当代的高度"，究竟是何种高度？从通行的做法看，无非是学来某一西方哲学概念，然后用于中国对象上。此种所谓"站在当代学术的高度"，应该只局限在比较研究意义上获得其学术价值了。

4.从作为历史学到作为哲学。目前汉语世界的哲学研究，总体上属于历史学的范畴（无论是对西方哲学的研究，还是对中国传统思想的研究）。这种研究虽然以哲学为对象，但研究方法和角度是属于历史学的，是哲学史研究。理想中的汉语哲学，依赖大量具有原创性的哲学研究成果的出现。这些成果，须是创造性地回应现实问题和哲学史问题而产生的思想。在最近十余年，中国哲学界正在产生新的哲学家。不仅老一辈学者中不断有厚积薄发的硕果出现，一些年轻学者的多项成果也表现出哲学探究的气质，这是一个令人欣喜的现象。大量生动活泼、别开生面的原创性哲学的出现，才使我们有可能迎来一个汉语哲学繁荣的未来。

5.从出入西学到返之"六经"。对于西方哲学的了解，成了我们走入哲学殿堂、接受哲学训练的必要步骤。相比较而言，中国哲学研究队伍对于中国传统哲学的训练反而更加欠缺，对于传统文献典籍不够熟悉，对于中国哲学资源的引用少之又少，仍是一种"言必称希腊"的态势。怎么样才能产生有深度的汉语哲学作品，宋明儒者的经验可以作为借鉴。著名理学家无一例外都是经历出入佛老数十载而后经历返之"六经"的过程。以道学宗主周敦颐为例，其早期思想来自《太极图》，其传授谱系来自道家，向上可追至著名道士陈抟。在可被视作宋代理学纲领性文字的《太极图说》中，文首的"无极"概念就来自于道家。然而在周敦颐中年以后所作的《通书》中，其思想逻辑构架并未变，但使用的话语却发生了变化，儒家的"诚"代替道家的"无极"成为核心概念。再以道学集大成者朱熹为例。他年轻时亦是出佛入老，甚至还撰有探讨道教炼丹经典的《周易参同契注》。后来在老师李侗的启发下，反复熟读先秦儒学经典，融会各家，终成理学大师。出入佛老，成为他们理解儒经、诠释儒经的思想资源。对佛老之学越是了解，越能成就他们的理学造诣。这个经验同样适用于今天我们处理西学与中国传统哲学的关系。对于从事哲学创造以及从事中国哲学史学科建设的人来说，如若入西学而不知返，难以取得重大的哲学成就。

6.从模仿到创造。冯友兰曾说，中西哲学之不同，应是花样之不同，而非高低之不同。可惜的是，由于哲学是从西方传来的，模仿和追逐西方哲学成了我们治哲学的一般范式，习惯于把西方哲学的问题理解为普遍问题和当成我们自己的问题。未来的汉语哲学应当从根本上完成从模仿到创造这一转变。西方哲学只能是思想资源的一部分而不是全部，西方学者对什么问题感兴趣，他们的范式只能是我们的一种参照，而不是不可跨越半步的雷池。哲学是时代精神的精华，没有离开哲学家所面临的时代、地域、文化传统而独立存在的普遍性问题。汉语哲学必须深入到汉语世界的传统与现实的土壤中来，才有可能产生具有独创性和代表性的汉语哲学作品。

汉语哲学应当形成一种崭新的思想类型——亦哲学亦思想。在这里，汉语哲学的"哲学"应当不再特限于由古希腊开出的思想传统，而中国自身的思想传统（无论我们称之为"道术""术道"① "学术"，或者"思想"），都可以按照自身的特点得以延续，即使是断裂的传统，也同样可以跨代接续。总之，哲学引进到中国，带给我们的应当是更多的学术自由，而不是限制和障碍；应当是丰富了我们的思想传统，而不应当是取代或终结我们的思想传统。

---

① 《礼记·乡饮酒义》有"古之学术道者"一语，"术道"相当于"道术"，有学者以此句为"学术"一词出现处，属误。

第二编

中国哲学与现代社会

第三章　儒家思想与现代公民道德教育困境的反思

公民道德教育虽是晚近兴起的名词，但全民的道德教育却不离乎中国固有的传统。儒家所说圣人"神道设教"，《礼记·大学》所讲的"修齐治平"之道，都是以圣人或圣王垂范示教，教化万民。重视对民众进行道德教育，在中国文化中具有悠久的传统。在古人的治国理念中，由道德上成熟的人来治理道德上成熟的万民，才能形成一个成熟的社会。道德教育的对象是具有普遍性的，自天子以至于庶人，但教育的方法和目标却不同：作为国家的管理者或治理者，以学校教育的方式，在德行上修己以治人，由"明德"而"新民"，由"格物、致知、诚意、正心、修身"，而"齐家、治国、平天下"，"治平"的关键，则在于先修己身，率先垂范，示教万民，这也就是所谓圣人"神道设教"的意义。君子之德风，小人之德草。万民则以圣王为楷模，受其教化。这种由道德上成熟的人组成成熟的社会的理想模式，也就是所谓的"内圣外王"。

公民的道德教育，不仅是全民的道德教育，而且是与公民作为法定政治权利和义务主体相关的道德教育。如何进行以全民为对象、以道德成熟为目标的公民道德教育，并由此促成社会的成熟，使"内圣外王之道"，不再是"暗而不明，郁而不发"；公民既是权利主体，又是义务主体。那么在公民权利教育缺场的情况下，公民道德教育又如何展开，其展开又将会有何种可能的后果，在公民道德教育框架内，如何处理公民作为权利主体与义务主体的关系。这些问题集中表现为四个困境。

一、公民道德教育地位困境

1968年国际教育大会第64号建议书《作为学校课程和生活之组成部分的国际理解教育》中，对有关"公民和道德教育"作了阐述："公民教育的目的，除了增加学生对国家机构的了解和培养对它们的忠诚外，还应让学生熟悉国际机构在促进人类福利方面所起的作用，并给学生灌输增进这些机构未来有效性的责任感。""在道德和宗教教育方面，国际理解的教学应该直截了当，清晰明确，并强调人类团结的道德基础。其目的在于培养一种对他人的道德感和社会责任感、一种为共同利益而行动的愿望以及致力于和平的决心。科学和哲学的教学应该有相同的目标。"这个论述比较重视公民教育中公民道德教育部分，特别是对他人的道德感和社会责任感，公民教育的主体主要是从义务主体的方面来考虑的。1992年国际教育大会第78号建议书《教育对文化发展的贡献》中，再次提到"发展伦理和公民价值观"的意义："教育系统在伦理、公民和道德教育中应发挥一种基本的作用，并与家庭所起作用相互补充。教育系统应与其他机构一起，帮助促进人权、培养民主的行为和确定从未像当今时代如此必要的价值观，如尊重人的尊严、宽容、对话、团结和互助。"在此，对于公民道德和价值观的教育，重视权利主体间的互相尊重和帮助，公民教育的主体主要是从权利主体的方面来考虑的。

公民是权利主体与义务主体的统一，公民教育也应包括两个方面：公民的权利教育和义务教育。如果只重前者而忽视后者，那么社会成员将流行道德的放纵，普遍缺乏义务感和社会责任感；如果只重后者而忽视前者，那么这个社会将缺乏人道和文明而走向野蛮。

在我们当前面临的道德混乱中，首要的问题是社会公德的缺乏和败坏。个体的私德虽不尽如人意，但儒家关于个人处理自己与他人关系的私德的规范和理念深入人心，虽历经摧折，仍不失为人伦日用之常道。国民的社会公德状况，是一国国民精神面貌和道德素质的集中体现。在社会公德方面，传统的道德理论对此重视不够，更重要的，它受到公民权利教育的制约。公民权利教育是与公民权利的确立相联系的，公民权利教育是以教育的形式贯彻和巩固宪法所赋予每个公民的合法自由和权利，但它必须以立法、行政和司法系统对于宪法所赋予的公民权利的具体保障为前提，不存在以抽象权利为内容的公民权利教育。公民权利教育与公民义务教育，在建立社会公德方面，表现出相反相成的辩证性。社会公德的本质是社会责任感。公民义务教育的缺场，将导致国民缺乏社会责任感，公民权利的缺场及相应教育的缺场，导致的却是同样的结果。社会责任感的确立，依赖于每位公民权利主体地位的确立。唯有确立了我们的权利主体之地位，我们才真正地感受到自己是社会的主人，也才有对于社会不可推却的责任感。与此相联，无论是公民道德教育还是范围更广的公民教育，都理所应当地包含着对他人权利、自由、尊严的尊重的道德教育。

义务感的缺失，并非是直线式地进行公民义务教育所能对治的，因为问题主要在于与义务相对应的另一面。在公民教育被简化成公民道德教育，公民权利教育缺场的情况下，我们能够期望公民道德教育获得何种成果呢？无论公民道德能否发挥它的作用，在后果上道德本身都将陷入荒谬：如果道德是有力的，那么缺乏公民权利保障的道德本身即是不道德的，这种"不道德的道德"的实践结果，无非是重复宋儒的"以理杀人"；如果道德是苍白无力的，那么所谓公民道德建设最终将流于口头说教和实践中的虚伪。

二、公民道德教育理论的困境

公民道德教育是提升公民道德素质的教育，是针对全体社会公民的普遍教育。公民道德教育的指导理论，应当具有同样的普遍性品格。当前中国起支配作用的道德理论，是培养无产阶级先锋队的道德理论，是培养接班人的教育。在道德教育实践中，这种定位也使德育教学处于尴尬地位：当前的德育是为政治教育服务的。以《德育信息》刊载的"全国教育科学'九五'规划国家级重点课题'整体构建学校德育体系的研究与实验'"审评会的主题发言稿为例，该文提到德育工作应该面临三个基本任务：在应对国际局势中，服务于同西方"在渗透与反渗透、争夺与反争夺、颠覆与反颠覆方面的斗争"，因而，"如何增强民族凝聚力和自信心，坚定社会主义的理想和信念，是德育工作面临的新形势，提出的新任务。"在应对科技发展中，"如何根据'趋利避害'的精神和'充分利用，积极建设，加强管理'的原则，用正确、积极、健康的思想文化信息占领网络阵地，这也是德育工作面临的一个新形势，提出的一项新任务。"在应对国际形势方面，"如何认真研究和引导青年学生正确认识国情和改革的长期性、复杂性、艰巨性，分清主流和支流，正确对待一些消极现象，树立正确的世界观、人生观、价值观，这是德育工作面临的又一个新形势，提出的又一项新任务。"该文虽然认为应把德育工作放在素质教育的首位，但同时也强调"思想政治素质是最重要的素质"。我们不怀疑该课题对于德育工作的促进作用，也不否认上述问题的现实紧迫性，但是需要指出的是，上述种种问题不是德育工作的核心和重点，也不应使德育服务上述问题的解决。在现有的教育框架内，这些属于政治与意识形态领域内的问题应该是政治教育的内容范围，德育与政治教育应该有一条明确的分工，在教育内容和目的上应有一条明确的界线。在构想性的合理关系中，道德教育和政治教育的目标与功能大不相同：一个是人之所以为人的教育，教的是人如何做人。一个是人之所以为一类特殊人（例如共产主义接班人）的教育，教的是如何做某一类特殊的人，后者本应以前者为基础，但在德育实践中却本末倒置。

当前的公民道德教育，其中一个重要内容是进行中华传统美德教育。中华传统美德，作为中华民族优秀传统文化的一部分，是我们中国人之所以为中国人、中华民族之所以为中华民族的文化之根，但在现实中甚为奇怪的是，我们当代的中国人，继承我们自己的传统美德，却在其正当性上处于一种令人尴尬的境地。自从"打倒孔家店"之后，以儒家为主的传统文化一度被扫入历史的垃圾堆。进入20世纪80年代，随着知识界和大众社会的"传统文化热"，传统文化又被重新拉回历史的舞台。但在另一方面，传统文化却找不到存在的合适位置。在现有的带有强烈意识形态话语色彩的陈旧道德理论体系中，传统美德赖以成立的理论根基无法确立，传统美德在道德理论上的的合法性、正当性问题仍未解决，而当前的正统理论又未赋予其一个牢靠的、合理的根基。此问题表面看来是道德理论自身的问题，实质上仍是道德教育与政治教育不分的结果（这种混淆不分的状况也被一些学者用"道德"与"思想"不分所表出），亦即以特殊性来替代普遍性的结果。

三、教育者困境

与以怎样的理论来指导教育相应的一个问题，是以什么样的人来进行教育。在现在的道德教育体系中，道德教育者的角色有两个承担者：一是党或政府；二是老一代对青年一代或上代对下代的代际教育。

对公民进行道德教育，在执政者看来是一种不可推卸的责任。由政府来推动并主导道德教育，是中国古老的历史传统，它根源于以德育辅助治道的德治主义实践，同时也是东亚一些国家的当代特色，表现得比较明显的例如新加坡的实践。

这种由政府作为教育者并加以推动和主导的道德教育模式，在学术讨论中被称作政府推进型的德育模式，其相对的模式是民间主导型或社会主导型，它被理解为渐进型的道德教育模式。一般地从积极方面来看，政府推进型的德育模式可以利用无可比拟的行政力量，大量开展道德理论研究、制定伦理规范、实施伦理道德教育，在短期内达到一定明显的效果。然而，"政府推进型"这个概念借鉴于法律建设领域，也可适用于对道德领域内政府行为的描述，但政府推进这一模式在法律和道德两个领域内的作用却极不相同。在法律建设领域，政府（包括行政和司法两个系统）可以通过在短期内的立法，解决法律领域内无法可依的混乱状态。在道德建设领域内，政府所推动的道德理论研究、规范制定和道德教育的实施，虽可表现得轰轰烈烈、如火如荼，但未必能有助于道德素质的提高和伦理生活的有序。其间的差别在于法律领域带有鲜明的强制性，而道德领域却无法律的强制性。如果我们用"心服口服"来区别二者的话，法律的特点是要"口服"而不必要"心服"，道德的特点是不仅要"口服"而且更要"心服"，道德唯有落实在人心，才能化为道德主体的自觉实践。

在落实于人心，即使人"心服"方面，政府推进型的道德建设由于以下几个方面的因素而面临着严重的困难：其一，一元与多元的矛盾。政府所主导的道德是一元的，这是由其意识形态的一元性及德育从属于政治教育这一性质本身所决定的。社会的道德却是多元的，不仅社会大众道德的存在状况是多元的，而且就多元化社会结构本身来说，其道德理想和价值理念也本应是多元的。其二，多变与一贯的矛盾。政治是经济的集中表现，是利益的化身。政治是多变的，道德却是一个相对稳定的价值和规范体系。在道德领域，每一次的反传统、每一次对社会价值的颠覆，如果没有一套完整、系统的新价值、新道德同时确立，所带来的必然是对道德本身的摧毁和解构。其三，一方主动与多方主动的矛盾。在政府推进型的道德建设模式中，政府是道德建设的主动推动者，而社会各方则在此推动下参与进来。在社会推动模式下，社会各方则是道德建设的主动推动者。这里所说的社会各方，系指社会的教育系统、宗教团体、社会团体、大众传媒等。在当前的社会权力结构中，政府权力过于集中，社会力量的作用空间有限。这种现实局面也造成了人们依赖于政府介入的心理期待。从长远来看，如何把社会的事务归于社会，把社会的权力归于社会，开发社会自身的自我完善和自我建设力，减轻社会公共事务对于政府的依赖，是道德建设的一个光明的方向。其四，修己与治人的矛盾。在政府推进的道德教育中，政府及其掌握公共权力的人员的道德水准和道德形象必然对教育对象起着直接的示范作用。其实，政府本身不是也不必是道德的化身，公共权力的运作者只是整个社会成员的一部分，他们并非是经过道德的筛选和净化而选拔出来，还存在着以公共权力谋取私利的危险。政府所推动的道德建设，如果连政府及其成员都缺乏道德，或者说都置其所宣扬的道德规范和道德价值于不顾，那么这种道德又有何说服力呢？

我们再从代际的角度讨论教育者角色的承担者。关心下一代、关心下一代的道德教育、教育下一代成了老一代或年长一代的口头语。这个口头语的意义非常丰富，它既表明了一种义务，上一代（或上两代甚至上三代）有教育下一代（或下两代、三代）的责任，上一代又有权利或资格来教育下一代。作为后者，在道德教育领域中表现为一种理所应当的权威话语。此一权威话语忽视了这样一个重要的问题：此种权威话语的权威性从何而来？上一代为何有当然的资格来教育下一代？答案无非是源自于两个方面：道德教育以及推而广之的人文教育，和知识教育并不一样，不是下一代自身可以教育、完善的；如果下一代自身不能实现道德的自我教育，那么年长一代的社会角色使他们必然承担起教育下一代的责任。然而道德教育和知识教育又有一个共同的前提，即存在着道德或知识上的位差：先知知后知，先觉觉后觉。在知识领域，也存在着下一代成为先知先觉并来教育上一代的现象，例如在计算机和网络方面就是如此，这也是人们常讲的"后育"现象。位差在道德教育中，当表现为有德者教育无德者（在非贬义的意义上使用无德者一词）。

四、道德权威性困境

道德的功能是通过自律与他律两个方面的结合而发挥作用的。中国传统的道德观点是以儒家中孔、孟一系的性善论作为传统主流。性善论虽以其人性本善的先天根据而为道德可能性提供了根据，并以后天经验世界里的恶为道德必要性作了论证，但由于其过分相信人性经由道德的完善一途而显得片面。在实践中，儒家以礼与法的结合作为人性修养在他律方面的补充。在当代社会，道德的自律通过培养道德情操而努力实现，然而道德的他律，又如何在社会中实现呢？紧接着的一个问题是，道德的权威性如何确立？

道德为何失去了其效力性和权威性？一是道德领域还未脱离政治的干涉而成为一个公共的领域，这个领域内解决问题的权力还未交给社会。二是道德他律起作用的舆论监督和民主监督机制还远不完善，在宪法所赋予的新闻自由和个人言论表达自由这些社会民主的基本要素还未在具体实践中确立和实施以前，这种机制就无法形成。舆论监督本身无法解决问题，只有和政府权力或社会权力结合才能发挥作用。三是在道德实践中，道德面前人人平等也不现实。若是道德败坏与权力相结合，权力为败德的掩护，更使道德日益苍白。由以上三方面可以得出，道德领域虽是一个相对独立的社会与文化子系统，但决不是一个毫无旁涉的孤岛。道德若要真正有力量，真正对社会发展起到良性推动作用，并使一个发展的社会有一个美好的未来，就必须为道德建设提供一个相对良好的政治环境和社会环境。在当前经济体制改革快速发展的同时，相应地进行政治体制改革和社会运行机制的改革，切实加强现代意义和国际公认意义上的民主与法制建设，才能使21世纪的中国在经济发展和社会文明进步两个目标和尺度上均有所作为，也才能带来一个富裕，同时也健康、文明的社会。

由道德成熟的人组成道德成熟的社会，虽然这种思维本身的正确性就可质疑。但道德不成熟的人对于社会的危害却在经验范围内似无可质疑。公民道德教育，在其可预期的后果里，可能提升公民的素质，建立起社会的伦理道德秩序，培养道德健全的公民。无论是从减少犯罪、减少道德上的无序，还是从建设一个文明的现代社会，实现经济发展与社会文明的同步协调发展而言，都将有其积极作用。同时，这也毫无疑问是全民之福。然而，从事公民道德教育工作的人也应当明白，我们在从事一项十分艰难的工作：我们在各方面条件都不成熟、不完善的情况下去试图达成对公民个人作为一个公民所应具有的道德进行教育并使之完善的目标。在上述种种困境之中，反而更加凸现公民道德教育的必要性。在面对这些困境时，解决之路并不是因噎废食中止公民道德教育，而是为公民道德教育开路，解决其内外所存在的问题。

第四章　儒家启蒙精神的鉴照

引论：谈论儒家启蒙精神的正当性

"启蒙"，自新文化运动以来，就一直是萦绕在国人心中的重要话题，不乏将此运动媲美于欧洲的文艺复兴或启蒙运动者。①总而言之，就是要在中国本土寻找现代性发生的根基。因此，在近现代中国学界对于

———————

① 参见赵敦华：《何谓"中国启蒙"——论近代中国的三次启蒙》，载《探索与争鸣》2014年第10期，第4页。舒衡哲著有《中国启蒙运动：知识分子与五四遗产》一书。

中国思想史的研究中存在着一种启蒙话语叙事，比如将20世纪初的"新文化运动"称为"启蒙运动"，然而西方的启蒙运动是发生在17、18世纪，其中的时间差距甚大。这对中国"启蒙"思想的追寻就必须往上追溯。梁启超《清代学术概论》中将清代思潮视为"对宋明理学的反动"，并誉之曰"与欧洲之'文艺复兴'绝相类"，①虽未比之为启蒙运动，但是他对清学的评价包含着浓郁的启蒙意味，他以戴震为清学之代表，认为其哲学是"其志愿确欲为中国文化转一新方向；其哲学之立脚点，真可称两千年一大翻案……实以平等精神，作伦理学上一大革命。其斥宋儒之糅合儒佛……随处发挥科学家求真求是之精神"②。依此论断，则他就不仅仅是认为戴震之学是对宋明儒学的反动和解放，而是对两千年中国思想文化之一大解放。这一解放的核心或实质即是所谓"科学"与"平等"二精神，一是开辟自然科学之起点，二是开辟了伦理道德上的革命，简言之亦即赛先生和德先生。这不正是将清学说成了一种清代的"新文化运动"了嘛！梁启超的这一观念对后来的胡适影响甚大。不过在侯外庐这里，他直言梁启超、胡适"非历史主义地认为只有汉学才配称为中国学说中的科学，这完全是胡扯。严格地说来，所谓专门汉学是清代学者所用以反对宋学的名称，本身并不是一种独立的科学。……客观主义的考据学是不存在的"③。在侯外庐则将清代比之于西方的中世纪，认为"汉学"的"烦琐"和中世纪有共同点，"当失掉了十七世纪学术的宏伟规模，而退隐于古字古句的钻寻的时候，自然就要陷于中世纪的烦琐；然而清代汉学的烦琐并没有堕落到中世纪的宗教领域，还保持着一定的清醒的研

① 梁启超：《清代学术概论》，中国人民大学出版社2004年版，第133页。
② 梁启超：《清代学术概论》，中国人民大学出版社2004年版，第168页。
③ 侯外庐：《中国早期启蒙思想史》，人民出版社1958年版，第426页。

究态度。"①我们可以体会到，侯外庐对"启蒙"精神的理解重在"人民性"，即站在马克思历史唯物主义的角度分析古代思想中的阶级性和人民性。正如其自序中所说，"中国丰富的哲学遗产必须依据马克思主义的观点方法，作出科学的总结。"②梁启超、胡适的启蒙论述是资产阶级的启蒙论述，并非人民性的论述。故他在看待清代汉学时认为康熙至乾嘉时期，统治者的文化政策利用了汉学的烦琐，"其间思想的内容，已经腰斩了清初思想的人民性，因而人们埋在古典的经籍中失去了个性的发展，反动统治者也拿文化'开明'的欺骗，冲淡了民族压迫的仇恨。"③这样的话，在梁启超、胡适那里的科学和伦理革命，也就无从谈起。侯外庐在书中将中国历史上的启蒙思想上溯到了17世纪，以清初的王夫之、黄宗羲为开首。此后，萧萐父、许苏民所著《明清启蒙学术流变》④中又进一步，追溯到了明代后期，泰州学派的王艮、罗汝芳、李贽，以及袁宏道、王廷相、罗钦顺等人物都成了启蒙思想家的代表，而明代后期这个时间段正好可以和西方启蒙运动的时间段相对应。

然而，何以同样是讲中国的启蒙思想，却可以彼此之间存在如此大的不同，这一点值得反思。梁启超叙事的问题在于，如果说清学是对理学的反动，那么其言外之意是在说，宋明理学是不科学的、不具有平等精神的。理学家一再言说的"理一"、万物一体以及对于人人本具天地之性的讨论难道不具有平等的精神吗？如果不是这样的话，为何会有其他学者将阳明后学中的很多人物视为启蒙思想家？而将阳明后学的人物视为启蒙思想家，却又存在着将阳明学之整体一分为二的问题，这一分别本身就有着

---

① 侯外庐：《中国早期启蒙思想史》，人民出版社1958年版，第425页。

② 侯外庐：《中国早期启蒙思想史》，人民出版社1958年版，"自序"第1页。

③ 侯外庐：《中国早期启蒙思想史》，人民出版社1958年版，第426页。

④ 萧萐父、许苏民：《明清启蒙学术流变》，辽宁教育出版社1995年版。

是否正当的问题。比如黄宗羲本人就是心学的传人，他在《明儒学案》中对陈白沙、王阳明都评价颇高。再如王艮本人就是阳明的及门弟子，何以阳明本人不是启蒙思想家，而王艮却成了启蒙思想家呢？这些都是启蒙话语叙事中难以解答的问题。归结言之，也许以这种方式在儒学中寻找启蒙思想本身就不恰当。

而更重要的问题在于，这种启蒙叙事对"启蒙"精神的理解未必准确。比如特别强调李贽批评"咸以孔子之是非为是非"①是典型的启蒙观念，却忽视了阳明本人就说过"夫学贵得之心，求之于心而非也，虽其言之出于孔子，不敢以为是也，而况其未及孔子者乎！求之于心而是也，虽其言之出于庸常，不敢以为非也，而况其出于孔子者乎"②。若此，则明确道出"学苟知本，六经皆注脚"的陆九渊也应是启蒙哲学家了。可能有人会认为李贽是当时的思想异端，然而西方的启蒙运动恰恰是宣扬普遍性的，追求共性和差异的统一、平衡。新文化运动中有新学人士如丁文江等人为唯科学主义张目，以科学解决人生问题、精神问题，这本身也是违背启蒙精神的，因为启蒙运动中有着强烈的人文精神追求，即使是康德在对启蒙的论述中也都强调人类结成"道德之整体"的重要性。③康德所作《什么是启蒙运动》一文对启蒙运动的精神做了极好的概括，在西方影响深远，但中国思想史、哲学史的研究者在谈论中国启蒙思想时，则罕有以康德之文为鉴照做分析者。这不能不说是一个缺憾。

就西方学界而言，最新的对启蒙运动做出深刻反思的托多罗夫指出，启蒙运动虽然诞生于欧洲，但是"启蒙精神"并非欧洲独有，而是"在

---

① 《李贽文集》，社会科学文献出版社2000年版，第7页。
② 《王阳明全集》，上海古籍出版社1992年版，第75页。
③ ［德］康德：《历史理性批判文集》，何兆武译，商务印书馆2015年版，第7页。

不同时代在全世界所有伟大的文明中都找得到它的成分"，①比如"在中国公元11至12世纪宋朝儒学复兴的时期"就"可以找到一些线索"。②简言之，"启蒙思想是普世的"，"根本不是欧洲独有的特权。"③启蒙精神属于全世界。福柯在《什么是启蒙》一文中回顾和分析康德《什么是启蒙运动》时就曾指出康德所言对于理性的运用涉及普遍历史的观念，即对理性的普遍的运用，启蒙不是一个人的事，而是对人类即所有人而言。④确实，康德《什么是启蒙运动》一文中在谈及启蒙时屡屡出现的便是"人类"这一类概念，比如"人类的启蒙""全世界"，与此相应便是康德所说的"普遍启蒙"，⑤这正对应于他在《世界公民观点之下的普遍历史观念》一文中所说："使人类物种的全部原始禀赋都将在它那里面得到发展的一种普遍的世界公民状态。"⑥此原始禀赋即在于"使用人的理性"。⑦康德的普遍启蒙思想带有着历史目的论意味，指向的是敢于运用理性的世界公民组成的共同体。不过，不论是康德还是福柯都未指出，普遍启蒙的达成是由多元而发展到一体，还是由作为启蒙运动发生地的欧洲推及于普遍的世界各地。而托多罗夫的说法则已然揭示了对于理性的运用

---

① ［法］茨维坦·托多罗夫：《启蒙的精神》，马利红译，华东师范大学出版社2012年版，第141页。

② ［法］茨维坦·托多罗夫：《启蒙的精神》，马利红译，华东师范大学出版社2012年版，第142页。

③ ［法］茨维坦·托多罗夫：《启蒙的精神》，马利红译，华东师范大学出版社2012年版，第141、144页。

④ ［法］米歇尔·福柯：《什么是启蒙？》，李康译，王倪校，此文原载《国外社会学》1997年第6期，第1—11页。但笔者未查到原刊，所阅译文见于豆瓣网https://www.douban.com/note/331582952/?_i=7120235oUkMaVV。

⑤ ［德］康德：《历史理性批判文集》，何兆武译，商务印书馆2015年版，第25页、27页、30页。

⑥ ［德］康德：《历史理性批判文集》，何兆武译，商务印书馆2015年版，第18页。

⑦ ［德］康德：《历史理性批判文集》，何兆武译，商务印书馆2015年版，第4页。

并不是从某一个点扩张到整个世界，而是多点发生的，即在不同文明中发生的，不同文明都有启蒙的精神。这一点尤其值得注意。

既然康德所言是"人类"的"普遍启蒙"，那么显然其所论就早已超越了启蒙运动本身，正如托多罗夫所指出的："启蒙运动属于过去……然而它不可能'过去'，因为它最终指明的不再是一种历史定位的学说，而是一种关于世界的态度。"①福柯亦言："可以将我们与启蒙联结起来的脉络并不在于信守教条原则，而在于不断激活某种态度，它是某种哲学的精神气质，我们可以将其描述为对我们所处历史时代的持恒批判。"他将康德《什么是启蒙运动》这篇名文的主旨一言以蔽之为"它的概貌可以称之为现代性的态度"②。

这也正是我们今天超越近现代以来中国思想史研究中的启蒙话语范式，重新思考儒家启蒙精神的正当性和必要性所在，不仅仅是因为儒家思想中有着启蒙精神，更是因为继续思考和推进如何实现"普遍启蒙"这一持久甚至是永恒的问题。而身处现代社会，反思现代性也是持久的话题。而在全球化时代，不同文明之间差异又如何通向普遍启蒙的达成呢？这都是我们今天必须面对的根本问题。

不容忽视的一点是：欧洲启蒙运动的兴起，本即深刻地受到以朱熹理学为主要内容的儒家思想影响，当时"许多西方人认为中国是实际一个优于欧洲的高级文明"③，以中国为欧洲的榜样，伏尔泰甚至以孔子为启蒙

---

① ［法］茨维坦·托多罗夫：《启蒙的精神》，马利红译，华东师范大学出版社，2012年，第159页。

② ［法］米歇尔·福柯：《什么是启蒙？》，李康译，王倪校，载《国外社会学》1997年第6期。

③ ［美］布鲁斯·马兹利什：《文明及其内涵》，汪辉译，商务印书馆2017年版，第50页。

时代欧洲的"神圣主保圣人之一"。①这样一来，如何理解儒家思想中的启蒙精神即显得非常重要。下文的讨论，便深入理学思想，接续托多罗夫的启蒙精神论，揭明儒学的启蒙精神意义。宋明理学通过理性思辨对于儒家的原始义理发挥得淋漓尽致，借此会通中西方对启蒙精神的理解，不仅能够对理学、儒学有新的认识，亦可由此对西方启蒙思想产生新的观感。当然，主要意图还是在于揭示和勾勒出儒家的启蒙思想或观念。

一、师道与启蒙

就中国思想而言，"启蒙"一词似最早见于汉代应劭《风俗通义》："每辄挫衄，亦足以祛蔽启蒙矣。"文意是要改变人们关于秦灭六国的流行但却错误的看法。梁代僧佑《出三藏记集》中谈及佛典的功用言及"启蒙辩惑，诱人自立"。可见中国古代文本中的"启蒙"一词有着探求真实、明白事理、去除旧见、使人独立自主等意涵。故以此来翻译西方的启蒙运动确实是恰切的。若从思想来源上看，先秦甚至更早时期，便对"启蒙"十分重视，比如《周易》第四卦即是蒙，意味着乾坤肇建、天地开辟之后最重要的便是屯卦所象征的秩序与蒙卦所象征的教化。"启蒙"（enlightenment）作为一中文译语，本义即是"照亮"，亦即"使之光明"，②而在中国古典中，日月为明，圣人就是"与天地合其德，日月合其明"之人，《尧典》描述尧之德行便是"钦明文思"，概言之，源自《诗经》《尚书》的"明明在下，赫赫在上""明德"等观念，为儒家所继承，在《大学》等典籍中一再出现。后世流行的"蒙学""发蒙"之

---

① ［法］安田朴：《伏尔泰与孔夫子》，载张允熠等编著：《中国：欧洲的样板：启蒙时期儒学西传欧洲》，黄山书社2010年版，第184页。更坚实的研究则可以参看［法］维吉尔·毕诺：《中国对法国哲学思想形成的影响》，商务印书馆2000年版。

② 李秋零：《康德与启蒙运动》，载《中国人民大学学报》2010年第6期，第66页。

语也正昭示出"启蒙"与"学"的密切关联，因此儒家非常重视学习与师道。《论语》以"学而时习之"开篇，就树立了"学"之于人的重要性、本质性。对于什么是学，汉宋儒学给予了一致的回答，《白虎通·辟雍》谓："学之为言觉也，悟所不知也。故学以治性，虑以变情。故玉不琢，不成器；人不学，不知道。"①以"学"为"觉"，学使人由不知变为有知、由不觉变为觉悟，这种变化是一种整全的、深入性情的变化，经此变化，人方可成为真正的人。大道无尽，故学无止境。朱熹在《四书章句集注》中解释"学而时习之"也有类似之论："学之为言效也。人性皆善，而觉有先后，后觉者必效先觉之所为，乃可以明善而复其初也。"②此说显然即本于汉儒，虽以"学"为效，但仍然沿袭了"觉"之义，只不过更加强调觉有先后差别，袭用孟子"先知觉后知，先觉觉后觉"（《孟子·万章上》）而来的"后觉者必效先觉之所为"之"必"字即是欲凸显师道的重要性。但这一点汉儒也并未忽视，《白虎通》在上文的叙述后即谓："是以虽有自然之性，必立师傅焉。……《礼》曰：有来学者，无往教者也。《易》曰：匪我求童蒙，童蒙求我。""蒙"（unenlightened）即是后觉或不觉，"我"代表先觉（enlightened）。在此意义上，"蒙"和"觉"就构成了对反。而"学"则是由"蒙"走向"觉"的必由之路。人之为学，也就是不断觉悟的过程，也就是不断启蒙的过程。儒家将"学"与"启蒙"从根本处勾连，学的精神就是启蒙的精神。

《白虎通》和朱熹都在说明"学"之意涵时，强调了"师傅"或"先觉者"的重要性，童蒙需要先觉者、为师者的教导，正与康德所言"不经别人的引导"就不能运用理性类似。③《白虎通》对《周易》蒙卦的引

---

① 陈立：《白虎通疏证》，中华书局1994年版，第254页。
② 〔宋〕朱熹：《四书章句集注》，中华书局1983年版，第47页。
③ 〔德〕康德：《历史理性批判文集》，何兆武译，商务印书馆2015年版，第23页。

入，正指示出蒙卦是中国先民关于启蒙精神的最早话语，是理解后世儒家启蒙思想的重要窗口。如钱穆所论，"宋学最先姿态，是偏重在教育的一种师道运动。"[1]宋代理学在对蒙卦的解释中一是强调了师道之于君道的根本性；二是突出了个体道德自觉的重要性。据此，蒙卦就包含了政治性与道德性或精神性两重内含。

首先看理学师道观的政治内涵。宋儒对儒学与政治的考虑，结穴于程颐之言："道不行，百世无善治；学不传，千载无真儒。"[2]此语奠定了宋儒"善治从真儒而出"的治道理念。而欲复兴儒家之道，必从讲学始，所以宋儒极重"师道"。因为讲学是关系天下能否大治的关键与源头。这其中的逻辑关联，道学宗主周敦颐《通书》所道甚明，他认为"师"而非"君"是"天下善"，"天下善"亦即最高的、普遍的善，他紧接着说："先觉觉后觉，暗者求于明，而师道立矣。师道立，则善人多。善人多，则朝廷正，而天下治矣。"（《师第七》）[3]又言："道义者，身有之，则贵且尊。人生而蒙，长无师友则愚。是道义由师友有之。"（《师友下第二十五》）如此，则为君者是否能够有师即是朝廷与天下能否大治的前提，道义最尊贵，而道义由师友有之，师友自然也最尊贵。周敦颐"暗者求于明"以及"人生而蒙"之说正是本于蒙卦，暗者也就是蒙者，其与作为师的明者分别对应于蒙卦的六五爻和九二爻。程颐继承了这一解释，明确指出九二爻和六五爻分别象征贤者和君主。九二为发蒙者，是发蒙的主体，而六五作为"童蒙"，属于发蒙的对象。这两爻是蒙卦中最重要的两爻，《程氏易传》解释说：

---

① 钱穆：《宋明理学概述》，九州出版社2010年版，第2页。
② 〔宋〕程颢、程颐：《二程集》，王孝鱼点校，中华书局1981年版，第640页。
③ 值得注意的是，《师第七》这一篇在《通书》中是字数最多的一篇。

五居尊位，有柔顺之德，而方在童蒙，与二位正应，而中德又同，能用二之道以发其蒙也。二以刚中之德在下，为君所信向，当以道自守，待君至诚求己，而后应之，则能用其道，匪我求童蒙，乃童蒙来求我也。……二虽刚中，然居阴，故宜有戒。①

九二有刚中之德，居臣下之位，是贤臣，六五以阴居尊位，是柔中之君，刚柔相济，上下相应。但此发蒙之道，"非是二求于五，盖五之志应于二也。贤者在下，岂可自进以求于君？苟自求之，必无能信用之理。古之人所以必待人君致敬尽礼而后往者，非欲自为尊大，盖其尊德乐道，不如是不足与有为也。"②贤人在下，要以道自持之意，显示出了宋儒以道抗势的精神。蒙卦六爻，除九二、上九之外其他四爻都是需要发蒙的对象，但六五居君位，属于发蒙的关键对象，故"发蒙之功，皆在于二"③。因此，九二在蒙卦中的特殊地位，也就象征着贤臣在帝王实际治理天下的过程中的特殊作用。这种作用就体现在，九二作为臣，对上要发帝王之蒙，此对六五爻言；对下要发天下百姓之蒙，此对初六爻言。贤臣儒者在其中的枢纽性作用可见一斑。

从周敦颐到程颐，两位大儒都如此重视蒙卦和《孟子》"先觉觉后觉"之说，都以师道观作为其主旨，这正体现出了宋代理学家在政治观念上的一致性，简言之，即是"格君心之非"，二程就说："治道……从本而言，惟从格君心之非，正心以正朝廷，正朝廷以正百官。"④宋儒所尊崇的"格君心之非"的榜样便是伊尹。据《史记·殷本纪》以及《孟

---

① 梁韦弦：《程氏易传导读》，齐鲁书社2003年版，第72页。

② 梁韦弦：《程氏易传导读》，齐鲁书社2003年版，第72-73页。

③ 梁韦弦：《程氏易传导读》，齐鲁书社2003年版，第74页。

④ 《程氏遗书》卷十五，《二程集》，中华书局1981年版，第165页。

子·万章下》的记载，身居相位的伊尹曾因商君太甲继位后暴乱无德而将其流放于桐宫，并在太甲悔过自新后又返政于他。这便是一个君主诚心受教、改过迁善的典型史例，故宋儒以"志伊尹之所志"自许。在这个史例中，伊尹正是"师辅"的代表——蒙卦九二爻的象征。故《孟子·万章下》记载伊尹所言"先觉觉后觉"就屡为宋儒所道。对宋儒而言，平治天下之理想主要就是通过教化辅正君主而实现。参照以程颐对蒙卦的解释，"后觉"主要是君主，"先觉觉后觉"就是"格君心之非"，就是发蒙。所以宋儒在君主面前，以师道自处，君主则是待发蒙之人。贤者在朝以"格君心之非"与帝王虚心求贤以与士大夫共治天下，是一体之两面，缺一不可。

其次是蒙卦所蕴含的道德性、精神性意涵。不论是发蒙者还是蒙者，都要以自主性的修养和学习为养德成圣之功。蒙卦卦辞中有"利贞"二字，《彖传》解释说："蒙以养正，圣功也。"程颐认为："卦辞曰'利贞'，彖复伸其义，以明不止为戒于二，实养蒙之道也。未发之谓蒙，以纯一未发之蒙而养其正，乃作圣之功也。……养正于蒙，学之至善也。"他解释《象传》"君子以果行育德"说："养育其明德也。"[1]在他看来，蒙即是指"未发"，性体纯一未发为蒙，蒙以养正，即是养正于蒙。不难看出，此正是《大学》三纲领之从"明明德"达到"止于至善"，"止于至善"就是圣人。

朱熹对"蒙以养正"的修养功夫阐发更深，但与程颐有别。蒙卦的组成是艮上坎下，艮为山，坎为险，其卦象为"山下有险"。对此，以往注家多言山在前，险在后，而朱熹则不言前后，而是言内外，他说："险在内，止在外，自家这里先自不安稳了，外面更去不得，便是蒙昧

---

① 梁韦弦：《程氏易传导读》，齐鲁书社2003年版，第73页。

之象。""蒙之意，也只是心下鹘突。"①鹘突，是模糊疑惑、尚不明理之意。而"险在内"正对应于朱子所言道统十六字中的"人心惟危"，危即危险。"鹘突"与危险是因为受了欲望的干扰，故朱熹解释蒙卦上九爻辞"击蒙，不利为寇，利御寇"说："惟捍其外诱以全其真纯，则虽过于严密，乃为得宜。"②与程颐相较，我们看到了对于"蒙"的两种认识，程颐以蒙为纯一未发（Innocent），而朱熹则强调蒙是鹘突暗昧（Ignorant）。这意味着朱熹更强调外在教化的必要性。朱熹的这一观点有其重要意义，正如康德所指出的，"只有很少数的人才能通过自己精神的奋斗而摆脱不成熟的状态。""公众只能是很缓慢地获得启蒙。"③因此，"别人的引导"和教化确实是非常必要的。康德将启蒙理解为"要有勇气运用你自己的理智"，而这种"运用"并非一种"私下的运用"，而是"公开的运用"，如作为纳税人我们必须纳税，这是私下运用，但是理性的公开运用则意味着我们可以质疑和批评税收制度。他说："必须永远有公开运用自己理性的自由，并且唯有它才能带来人类的启蒙。……而我所理解的对自己理性的公开运用，则是指任何人作为学者在全部听众面前所能做的那种运用。""作为一个学者通过自己的著作而向真正的公众亦即向全世界讲话"就是理性的公开运用。④"任何人作为学者"这一限定就意味着，任何人如果未学、本身缺乏理智的话，那么这样的人是不能够、也不可能进行理性的公开运用的，是不可能达到启蒙的。而这样也才凸显出"理性的公开运用"的必要性意义。在汉唐时期由于突出圣、凡差

---

① 〔宋〕黎靖德编：《朱子语类》，岳麓书院1997年版，第1567页。

② 〔宋〕朱熹：《周易本义》，北京大学出版社1992年版，第9页。

③ 〔德〕康德：《历史理性批判文集》，何兆武译，商务印书馆1990年版，第24、25页。

④ 〔德〕康德：《历史理性批判文集》，何兆武译，商务印书馆1990年版，第26、27页。

别，因此儒者们很少谈论在孟子那里便已奠立的学以至圣观念，因此，宋代理学家自周敦颐开始重新确立"学以至圣"的理念，实具革命意义，因为这样就重新确立起了儒家的"学习"精神和启蒙精神，以讲学和著述的方式对"天下公共之理"的追寻，有着更为普遍的意义，这正是对理性的公开运用。

问题在于，若放在性善论的脉络中来看，蒙者、暗者是性恶的人吗？如朱熹所言，"若蒙昧之中已自不正，他日何由得会有圣功！"[1] "蒙昧之中"为何会"已自不正"或"险在内"呢？按照朱熹理学的架构，会将"不正"和"蒙昧"的原因归结于所禀受气质的驳杂不纯。但是这样的解释，又会造成圣凡之间的过大差距，当然，这自然有利于宋儒以道抗势的师道观之挺立，但不能否认的是，这一解释隐含了先知先觉者和蒙者生来便存在着施教和受教者的差别甚至不平等。正如有学者所指出的，教化与社会的政治运作、制度安排紧密结合，是"'先知觉后知，先觉觉后觉'的不间断的社会运动，并且带有某种强迫性和给予性"[2]。而这种不平等和强迫性本就是启蒙所要打破的，启蒙精神的一个要点即是对人性普遍性与人人自主平等的肯定。[3]更重要的是，这一解释无法回答一个问题：蒙者如何能从自我内在生起进于光明或启蒙之境的动力，这无异于抽空了个体能够启蒙的根基。这一点，阳明学显然有所察觉。

二、蒙体与自觉

阳明学对蒙卦的理解可谓别开生面，与朱熹强调"蒙"为蒙昧

---

① 〔宋〕黎靖德编：《朱子语类》，山东友谊书社1993年版，第1568页。
② 景海峰：《教化与启蒙之别——一个诠释学的分析》，载胡治洪编：《现代思想衡虑下的启蒙理念》，武汉大学出版社2011年版，第336页。
③ ［法］茨维坦·托多罗夫：《启蒙的精神》，马利红译，华东师范大学出版社2012年版，第21页。

（ignorant）不同，阳明学派儒者的解释则揭示出了"蒙"的积极面向，以"蒙"为"蒙稚"（innocent），并以良知、心体说为根据，阐发出以"蒙"为"混沌"、"蒙体"（innocent substance）的理论。王阳明的首座弟子王龙溪有相关论述值得注意：

> "蒙，亨。"蒙有亨道。蒙不是不好的。蒙之时，混沌未分，只是一团纯气，无知识技能搀次其中。默默充养，纯气日足，混沌日开，日长日化而圣功生焉，故曰"童蒙，吉。"后世不知养蒙之法，忧其蒙昧无闻，强之以知识，益之以技能，凿开混沌之窍，外诱日滋，纯气日漓，而去圣愈远，所谓非徒无益，而反害之也。吾人欲觅圣功，会须复还蒙体，种种知识技能外诱，尽行屏绝，从混沌立根，不为七窍之所凿。充养纯气，待其自化，方是入圣真脉路，蒙之所由以亨也。[1]
>
> 良知者，性之灵根，所谓本体也。……《蒙》之象曰"山下出泉"。夫山下之泉，本静而清，浚其源、疏其流，顺则达之，滑则澄之。蒙养之正，圣功也。……必假学虑而昧夫天机之神应，非所以稽圣。[2]

王龙溪的解释直截了当地谓"蒙不是不好"，这一解释是本于《象传》"蒙亨"一语，这样才可以和"蒙以养正，圣功也"构成对应。这一解释无疑就对朱熹的解释做了翻转，在他看来，蒙是一种混沌纯气的状态，在此状态下，没有任何后天的人伪、知识、技能的搀杂或污染，正如孟子所言"大人者，不失其赤子之心也"（《孟子·离娄下》）。由于将"蒙"理解为混沌，也就与《庄子》混沌寓言发生了关联，"日凿一窍，七日而混沌死"也就意味着"强之以知识，益之以技能"的做法。虽

---

① 《王畿集》，吴震编校，凤凰出版社2007年版，第87页。
② 《王畿集》，吴震编校，凤凰出版社2007年版，第121页。

以《庄子》之混沌说"蒙体"，但龙溪所言"混沌未分"的无知状态，其实是在说人的良知。龙溪明确说良知就是"混沌初开之窍，万物所资以始"[①]。"混沌初开之窍"正是本于王阳明的一首论及心即太极的诗，此诗云："一窍谁将混沌开？千年样子道州来。须知太极元无极，始信心非明镜台。……人人有个圆圈在，莫向蒲团坐死灰。"[②] "圆圈"即指太极，亦即阴阳未分的混沌状态。"吾人欲觅圣功，会须复还蒙体，种种知识技能外诱，尽行屏绝"，则是源于王阳明"知识技能非所与论也"的观念——"记诵之广，适以长其敖也；知识之多，适以行其恶也；闻见之博，适以肆其辨也"。[③]这显然包含了对程朱理学"道问学"路径之批评。

相对于宋儒以师发蒙君民的观念，阳明学更加突出了良知的个体圆满具足性，人人皆有良知，这其实才是人能够成圣、成为善人的根据。也就是说，阳明学从实质上回答了"发蒙"之所以可能的根据，在于人性固有个"蒙体"存在。同时，龙溪借用庄子凿混沌七窍的典故揭示出了"好为人师"的弊端在于：启蒙者对他人的发蒙很可能会流于以自我后天之知识、技能强加于人的危险，这种后天经验的知识技能由于是出于经验积习所成，其是否纯善无伪就不是毫无疑问的，也就是说，知识技能有可能是"恶"，是私人的成见，而非可普遍化的"善"，其导致的后果是：不仅不能使人改过迁善、日趋圣域，反而会适得其反，使得人性愈趋恶劣。故而龙溪提出了"养气"以"自化"的观念，既然每个人都禀有良知纯气，那么充养此纯气，发明此良知，则自然能为善成圣，这其实正是阳明学所

---

① 《王畿集》，吴震编校，凤凰出版社2007年版，第135页。
② 《王阳明全集》，吴光等编校，上海古籍出版社1992年版，第772页。
③ 《王阳明全集》，吴光等编校，上海古籍出版社1992年版，第55页。

主张的"良知自知"①观念进一步推演的结果。

与朱熹强调《彖传》"蒙，山下有险"不同，王龙溪则看重的是《象传》"山下出泉"一语，他说：

蒙者，稚也。"山下出泉，蒙"，解之者曰"静而清也"。大人者不失赤子之心，赤子无智巧、无技能、无算计，纯一无伪，清净本然，所谓"蒙童"也。得其所养，复其清静之体，不以人为害之，是为圣功。大人通达万变，是凿窍于混沌，反以害之也。吾人学不足以入圣，只是不能蒙，知识反为良知之害，才能反为良能之害，计算反为经纶之害。若能去其所以害之者，复还本来清静之体，所谓"溥博渊泉，以时而出"，圣功自成，大人之学在是矣。②

王龙溪将"山下出泉"认为正是《中庸》所言"溥博渊泉，以时而出"之意。这样的话，蒙就不是"蒙昧"（ignorant），而是"蒙稚"（innocent），是"纯一无伪"（innocent）。"蒙体"也就是"清净之体"。据此，"启蒙"就不是单纯地求师于外以增加知识技能，而是要减损知识技能的遮蔽，"复还本来清净之体"。

这一对于蒙卦的理解其实涉及到阳明学与朱子学对于"学"之认识差异。朱熹认为"学，后觉效先觉之所为"，这就突出了效字，学生效法老师，突出了师道。王阳明对此批评道："以效训学之说，凡字义之难通者，则以一字之相类而易晓者释之。若今学字之义，本自明白，不必训释。今遂以效训学，以学训效，皆无不可，不必有所拘执。但效字终不若学字之混成耳。……教也，学也，皆道也，非人之所能为也。知此，则又

① 《王阳明全集》，吴光等编校，上海古籍出版社1992年版，第971页。
② 《王畿集》，吴震编校，凤凰出版社2007年版，第128-129页。

何训释之有！"①他认为朱熹的解释是多余的，反而通过训诂解释淹没了本来意义混成完整的"学"字。王龙溪继承了阳明之说，谓：

> 学，觉而已。自然之觉，良知也。觉是性体，良知即是天命之性。良知二字，性命之宗。格物是致知日可见之行，随事致此良知，使不至于昏蔽也。吾人今日之学，谓知识非良知则可，谓良知外于知觉则不可；谓格物正所以致知则可，谓在物上求正，而遂以格物为义袭则不可。②

这一解释就直截了当，学就是"觉"，但觉不是朱子所言后觉效先觉，而是良知自觉，亦即良知自知。简言之，就是"自觉"，自我发蒙。觉是性体，是天命之性，意味着良知人人具有，个个圆成，人人皆能自觉。而在此意义上，程朱理学强调的知识技能之学、格物之学就都成了第二义的知识，并非良知性体。所以程朱格物之学意义上的后觉效先觉，也就不具有根本意义，从根本上来说，所谓的学就是致良知之学。王龙溪谓："今日良知之说，人孰不闻，却须自悟，始为自得。自得者，得自本心，非得之言也。圣人先得我心之同然，印证而已。若从言句承领，门外之宝，终非自己家珍。"③这意味着，良知、真正的"知"只能通过自觉

---

① 王阳明：《答季明德》，第214页。《传习录上》有类似之说：子仁问："'学而时习之，不亦悦乎'，先儒以学为效先觉之所为，如何？"先生曰："学是学去人欲，存天理；从事于去人欲，存天理，则自正。诸先觉考诸古训，自下许多问辨思索存省克治工夫；然不过欲去此心之人欲，存吾心之天理耳。若曰效先觉之所为，则只说得学中一件事，亦似专求诸外了。'时习'者，坐如尸，非专习坐也，坐时习此心也；立如齐，非专习立也，立时习此心也。说是'理义之说我心'之'说'，人心本自说理义，如目本说色，耳本说声，惟为人欲所蔽所累，始有不说。今人欲日去，则理义日洽浃，安得不说？"（《王阳明全集》，吴光等编校，上海古籍出版社1992年版，第31页。

② 《王畿集》，吴震编校，凤凰出版社2007年版，第132页。

③ 《王畿集》，吴震编校，凤凰出版社2007年版，第153页。

自悟的方式获得，不可能通过外在的言语经书而获得。所以，真正启蒙只能是自我启蒙——"良知即吾师"，而非由外在的某人使得一个人启蒙，外在的教化者比如"师"仅仅起"印证"的作用。

康德在论及人们不能运用理性时谈及人的懒惰与怯懦："处于不成熟状态是多么安逸。如果我有一部书能替我有理解，有一位牧师能替我有良心，有一位医生能替我规定食谱，等等；那么我自己就用不着操心了。只要能对我合算，我就无需去思想；自有别人会替我去做这类伤脑筋的事。"①阳明学的良知自知、良知自觉说正可以最大程度地激发人的自我觉醒而空诸依傍。

三、启蒙与文明

概括程朱理学和阳明心学对于"启蒙"理解的差异和会通，大致有这样几个方面：一是在朱熹理学看来，蒙意味着无知，需要受教化，需要得到来自先知先觉者的引导，故而强调学对于启蒙的重要性。而在阳明学看来，蒙是蒙稚，蒙体就是人人皆具的良知、赤子之心、至善的混沌，强调启蒙的实质在于个体的自我觉悟、自觉自知，而不在于他者的教化。二是程朱强调后天学习与知识经验的重要性，而阳明学则指出，后天的知识经验会造成对蒙体的损害。三是对阳明学而言，真正的"师"就是人人生而具有的良知，而非外在的某个他者，不论此他者是圣人还是君主，抑或经典。四是阳明学强调个体的独立自主性、圣凡之同然，而程朱则认为大多数人要遵从先觉者的教诲方能觉悟开蒙，圣凡差异为其所强调。五是程朱强调现世的君主要向真正的儒者去谦虚地学习，有着非常强烈的政治批判维度，而阳明学的讨论则更重在精神性维度。六是从另一个角度来说，程

---

① ［德］康德：《历史理性批判文集》，何兆武译，商务印书馆2015年版，第23页。

朱理学的启蒙观念是偏于外向的路径，而阳明学的启蒙观念则是偏于内向的路径。前者忽视了启蒙所以可能的内在根据，而后者虽然弥补了前者的这一缺陷，但却亦有可能造成忽视对于过往知识文化的尊重和借鉴。

康德在《回答这个问题——什么是启蒙运动？》这篇名文中，开篇说道："启蒙运动就是人类脱离自己所加之于自己的不成熟状态，不成熟状态就是不经别人的引导，就对运用自己的理智无能为力。当其原因不在于缺乏理智，而在于不经别人的引导就缺乏勇气与决心去加以运用时，那么这种不成熟状态就是自己所加之于自己的了。"[1]强调"别人的引导"的重要性，这与程朱理学的观点相通。但是既然这种不成熟状态是自己加之于自己的，那么，启蒙能否最终达成的关键仍然是在于个人的自身启蒙。福柯说："人只有依靠自己改变自己，才能摆脱这种不成熟状态。"[2]

康德也指出了外在因素的副作用："处于不成熟状态是那么安逸。如果我有一部书能替我有理解，有一位牧师能替我有良心，有一位医生能替我规定食谱，等等；那么我自己就用不着操心了。""条例和公式这类他那天分的合理运用、或者不如说误用的机械产物，就是对终古长存的不成熟状态的一副脚梏。"[3]这就颇类似于阳明学对"师"、知识技能的批判，正是这些使人不能够真正地挺立自我，去自由地运用自己的理性。绝大多数人都是如此，故康德寄希望于绝大多数人的监护者，他称为"保护人"，"保护人"在康德的语境中应当包含了宗教领域的牧师和国家治理中的统治者尤其是君主，[4]前者是精神事物方面的保护人，后者是物质生活事物方面的保护人。他担心的是如果连人民的"保护人"本身都未能独

① ［德］康德：《历史理性批判文集》，何兆武译，商务印书馆2015年版，第23页。
② ［法］米歇尔·福柯：《什么是启蒙？》，李康译，载《国外社会学》1997年第6期，第1—11页。
③ ［德］康德：《历史理性批判文集》，何兆武译，商务印书馆2015年版，第23页。
④ 康德把启蒙运动的重点主要放在宗教事务方面，故他主要是以牧师为讨论对象。

立自由思想的话，何谈人民大众的启蒙。这一论述与程朱理学"格君心之非"有相似之处。而阳明学强调不能盲从外在的"师"，即使是圣人"孔子"之言，亦须"求诸于吾心"，这正是对"保护人"的怀疑和担忧。康德对启蒙的讨论，正如福柯所指出的，兼具政治意涵和精神意涵，这两个维度也正是宋明理学的启蒙观念所包含的。换言之，人类要摆脱不成熟状态，须具备两个前提：一是精神性的，一是制度性的，依此，则宋代理学近于后者，而阳明学近于前者。

另外，康德区分了理性的公开运用和私下运用，而前者正是人作为"学者"而对理性的自由运用。康德强调任何人都可以作为"学者"运用理性，"要有勇气运用你自己的理智！""这一启蒙运动除了自由而外并不需要任何别的东西。"此与阳明学强调每个人都有良知、"蒙体"的说法相通。但是康德强调必须是"学者"，这一限定又与理学家强调"士大夫"在启蒙过程中的枢纽作用是一致的。

本文还想指出的是，阳明学士人对"蒙"的理解，蕴含了对"启蒙"本身的反思，当然，这主要是以程朱理学为对象进行的反思。进一步言之，"师"、"圣"、经典代表的是人类文化或文明所积累的成果的载体，因此，阳明学对知识、才能、计算之于人性的损害的深深忧虑，其实正是担忧过往的人类文明经验在当下现实中的不适用性，也就是说，"师"和经典中所载的知识、文化未必适合今人的生活。文化、文明是要不断进步的、生生变易的。因此，阳明学对启蒙的理解，不仅仅是对程朱理学所代表的"启蒙"思想的批判，也是一种在儒学内部生发起来的对文明本身的反思和批判。

以此为参照，细绎康德之说，虽然福柯指出，启蒙兼具伦理精神性维度和政治制度维度。但是，我们从阳明学士人的相关论述来看，"启蒙"还应当包括对文明本身的反思和批判这一维度。而这正是本文一开始所指出的，普遍启蒙如何达成？是从世界的某一点推及于其他地方，还是多个点进行最后达于普遍？康德《什么是启蒙运动》一文中也隐约显露出了这一意识，虽然并不是十分明显，是故亦未被后来者所明确意识到，他说：

> 然则一种牧师团体、一种教会会议或者一种可敬的教门法院（就像他们在荷兰人中间所自称的那样），是不是有权宣誓他们自己之间对某种不变的教义负有义务，以便对其每一个成员并且由此也就是对全体人民进行永不中辍的监护，甚至于使之永恒化呢？我要说：这是完全不可能的。这样一项向人类永远封锁住了任何进一步启蒙的契约乃是绝对无效的，哪怕它被最高权力、被国会和最庄严的和平条约所确认。一个时代决不能使自己负有义务并从而发誓，要把后来的时代置于一种决没有可能扩大自己的（尤其是十分迫切的）认识、清除错误以及一般地在启蒙中继续进步的状态之中。这会是一种违反人性的犯罪行为，人性本来的天职恰好就在于这种进步；因此后世就完全有权拒绝这种以毫无根据而且是犯罪的方式所采取的规定。[1]

"牧师团体"，也可以是一种学术团体，比如理学家、心学家，都不应以传承和教授不变的教义为义务，即使此教义若与政治权力结合，成为官方的教义或学术，也并不能彻底封锁住人类的进一步启蒙，但这无疑会造成严重的阻碍。一时代有一时代之学，因为人性的本质就是要进步，思想学术也必然会进步，故后一时代对前一时代的知识、文化、教义的质疑和革新就是合乎理智与人性的。这与阳明学对理学排他性道统论的批评有着同贯之处。相较来说，康德通过对宗教的反思和批判触及到了人类的启蒙和文化的进步，而阳明学则通过对理学的批判和对文明本身的反思来

---

① ［德］康德：《历史理性批判文集》，何兆武译，商务印书馆2015年版，第27页。

思考和推进启蒙；康德对人类尤其是"学者"的理智抱持乐观态度，而阳明学则对此怀有深深忧虑。儒学尤其是阳明学对于启蒙的思考，其深刻卓识自此可见。对文明本身的反思和批判是我们今天讨论启蒙精神必然要面对的挑战。任何一种凝固的意识形态都是以文明的形态甚至是普世价值的形象出现。当我们不加反思便接受某一种意识形态及其价值观念，正是康德意义上的不能运用自己的理性或者缺乏理智。普遍启蒙既然并未实现，天地公共之理并未完全落实，那么启蒙就不会成为历史，并没有成为"过去"，我们就仍然需要启蒙的精神、启蒙的态度，以此观照世界和自身，而对理学的深入分析正表明，中国自身的文明传统本就富有启蒙这一"精神气质"，儒学也是我们可以用来观察和反思这个世界的一种"态度"，儒学是人类实现普遍启蒙的多元化因素之一。

第五章　儒家人己关系与社群民主

己与人的关系是人生存的一个最基本的关系，是人与世界关系的一部分。人生存其间的世界包括"他人"，但"他人"作为世界的一部分，由于其为与自己相似的对象构成，所以与世界的其他部分相区别。关于"他人"存在形态的理解和处理人与他人关系的方式，很自然成为伦理学的中心问题。个人虽然可以单纯地成为研究的对象，但伦理学却不能够单纯地研究个人。本章力图说明，人与他人共在的共通经验构成一个人生存经验的主要部分，所以也就是伦理学的重要对象。就一个人一生中与他人发生的种种关系，人们可以加以反思和辨别，哪些关系促进人们之间健康地生活，而哪些关系导致人们生活得更不好，或者同一关系的不同面向，关系随着情境的变化而变化，这样，伦理生活可谓建立理想关系的艺术，希望良善关系得到强化和促进，而不好的关系被弱化或忽视。本章将要考察，人与人的关系在儒家经典文本中都有哪些表达方式，而这些表达方式在比较视域中的诠释能够给当代中国哲学的伦理学建构提供哪些有益的启示。

一、儒家人己关系与其共生情境

在儒家经典中，"家"是人类存在的基本方式。① "家"的建立和存在，是天地自然之序的一部分。从字源上说，甲骨文里"家"源自房子里有猪，说明"家"的观念最初形成与人拥有基本生活资料密切相关。《周易》上经言天道，下经明人事，人事的中心就是家庭秩序，而社会关系是家庭关系的延伸。《家人》卦强调男女关系要处于正当合理的位置，"父父、子子、兄兄、弟弟、夫夫、妇妇而家道正，正家而天下定矣。"可见，家庭秩序的正当合宜是人与人关系的根本，家道的安定稳固，可以影响到天下人与人之间的关系。"君子以言有物而行有恒"，说明君子出言要从内心生发出来，犹如《家人》卦的"风自火出"，也就是风是从火苗燃烧起来呼呼生风起来的，好比火是起风的基础，君子出言也是必须要有内心的真情实感，而且行为要有常规道德为基础，不做没有操守的事情。

家庭是人与他人关系的开端，所以处理家庭关系成为处理一切关系的根本原点。儒家有明显由内而外、由己而人的视角，比如《易·杂卦传》说"家人内也"，《家人》卦六二象曰："顺以巽也"，是说六二的吉祥来自柔顺兼随顺。通常来说，家庭关系有主有次，有主导有随顺，夫妇如此，而父子关系也是如此。儒家的修身说到底可以看作是家庭关系理顺之

---

① 家庭的关系从个体的角度来说，无疑是有偏见的，而社会的公义和公正无疑是力求无偏见的。或者说，社会公正是在家庭的偏见之上，设定一个无偏见的基础。西方近年来逐渐兴起的关爱伦理（care ethics）、情感伦理（sensational ethics）等都说明身体和家庭是伦理学不可或缺的基本问题场域。

后的延伸版本，而放在更加广阔的视野里审视，"与天地参"作为儒家修身的理想境界，其实源自家庭关系的安宁稳固、随顺合宜。家庭是"身"的第一场域，是父母赋予个人以"身"，也是父母赋予该"身"以名，而"身"从一开始就不是一个孤立的个体，而是一个社会关系的节点和实存。儒家的"身"观念，从来都有其明确的社会情境基础，因而儒家基于"身"的家庭关联性不仅是私人的，而且也是公共的。儒家强调家庭内部的秩序，认为父子、夫妇的关系都要随顺合宜，而这正是为什么传统社会可以通过"孝"和"顺"来治理家与国。在一定意义上，"孝"的情感构成了"顺"的缘起，"孝"敬父母之心就要"顺"从父母之意，这种"孝顺"的情感关系构成了儒家自我的源初生发之域。①

家庭成员之间的源初生发的关系通过人与人之间的亲缘关系自然地延伸到他人，而他人虽然可能不属于自己的小家庭，但还是被视为通过各种亲戚和友情关系构筑起来的大家庭的一部分。这样延伸出去的家庭是如此巨大，以至可以扩展到整个社群与国家，即所谓"大家"。在这个意义上，"大家"就需要在"所有人"的意义上加以理解。②孝顺家长延伸到"大家"里，就是社会秩序的雏形，这也是"正家而天下定"的由来。

家庭秩序的根基在于人与人之间的"仁"情，这种"仁"情其实是反思而成的，本来不过是人与人之间的自然情感，但是儒家强调人与人之间彼此相亲"仁"爱的层面。在儒家看来，了解这层"仁"情其实有"格物"的基础，也就是研究天地自然秩序的基础。这就是说，从儒家关于人

---

① 陈少峰认为，孝是孔子伦理思想的核心，体现了他对周礼、传统美德的继承、弘扬与发展。参见陈少峰：《中国伦理学史（上）》，北京大学出版社1996年版，第15页。蔡元培认为："孝者，始于事亲，中于事君，终于立身。是亦由家长制度而演成伦理学说之一证也。"（蔡元培：《中国伦理学史》，团结出版社2007年版，第15页。）

② "我国人文之根据于心理者，为祭天之故习。而伦理思想，则由家长制度而发展，一以贯之。"参见蔡元培：《中国伦理学史》，团结出版社2007年版，第5页。

与世界关系的缘发层面上来说，人们生活在经验不断生成的情境之中，虽然人们未必切实地感知情感生成与事物生发的关联，但人能够通过对事物的研究发现人与人之间的"仁"情有其自然基础。正是在这个意义上，《大学》的"格物"传统不是单纯地格"某一具体物"，而是"格"其所"生"，"格"其所"成"，如果放在人与人关系的延伸角度来看，是"格"家庭成员之间的关系进而了解整个社会合理运作的根基。这样，"格"就是研究体证整个社会关系的基石，即家庭情感的由来——一种人己缘生的变化之源——虽然不过是家庭成员情感相交的一刻，但也是社会秩序合理、国家治理以至天下太平的开端所在。

儒家社会关系之"格物"的基础，是基于家庭生活的人伦日用。儒家经典对于日常生活予以特别重视，认为无论如何高深的理论，都不能离开对于生活的追索，比如回溯到《诗经》的最早记载："民之质矣，日用饮食。群黎百姓，遍为尔德。"①《易经》也说："备物致用，立成器以为天下利。"百姓日用的事物的创造和日常事务的完成，正是圣人们运用他们智慧的地方，圣人们穿透了日常事物的表面，而"百姓日用而不知"。孔子以君子和圣人作为道德的榜样，可以说都是建立在自我与他人之间的关系和谐的中道基础之上的，孔子希望人们在日常生活中维持这种平衡，他的教诲切中伦常。圣人作为理想人格虽然是超常的，但他们仍然生存在日常情境之中，圣人亦人。君子之为"君"不是由于他们超越世间，而是由于他们是世人学习与效法的榜样。②儒家后来建立的人己关系系统，把

① 《诗经·小雅·天保》。
② 西方汉学界对君子的理解多种多样，比如狄百瑞就认为君子带有先知的角色意味，如君子"立志维护与上天秩序同一的道德秩序，……作为一个替天言说的人，君子必须遵守个体中心的天命，并代表上天谴责背道而驰的统治者。"参氏：《儒家的困境》，黄水婴译，北京大学出版社2009年版，第12页。相比之下，安乐哲的译法则完全不同。

一个人立身处世的基石放在对事物的独到理解之上，这就是《大学》的"格物"传统。朱熹对于"格物"如此解释：

> 格，至也。物，犹事也。穷至事物之理，欲其极处无不到也。①

在朱熹看来，日常生活中"理"无处不在。"日用之间，只在这许多道理里面转，吃饭也在上面，上床也在上面，下床也在上面，脱衣服也在上面，更无些子空阙处。"②因此，心在事上，与事一同生发，那么自我修养就是要人们回归本心与事物相合的那一刻，并持之而不失。这就是说，修养即是在日常事务上彰显人的本心，而不让私欲蒙蔽了意念的实化过程。正是在这个意义上说："圣人千言万语，只是要人收拾得个本心，不要失了。日用间着力屏去私欲，扶持此本心出来。"③如此看来，格物是去经验、把握宇宙之理的生成状态到事物的极致状态，也就是对事物本末有全体性的、无遮蔽的把握。

儒家把这种全体性的把握主要集中在对家庭和社会关系的领会上面，尤其是关系的缘发状态，此即人己关系的创生状态。为了理解儒家人己关联性的创生蕴涵，我们可以看看经典中如何讨论人己关联关系的缘发状态。总的来说，儒家认为人生存于日常事务之中，与他人相互关联，这种关联关系构成了家庭与社会的基石。换言之，人与他人的关联关系有创生的能力，人能够不断建构新的人己关系。个人通过与他人的关系创生、生成，并生存其间。身份可以说是这种创生关联性的内在稳定性，是个人以某种相对稳定的缘发方式来展开自己与他人的关系，并在彼此互动中验

---

① 〔宋〕朱熹：《四书章句集注》，中华书局1983年版，第4页。

② 黎靖德编：《朱子语类》卷一百二十一·朱子十八，中华书局1986年版，第页。

③ 黎靖德编：《朱子语类》卷二十三，中华书局1986年版，第558页。

证这种模式，从而相对固定下来，这就是个人身份稳定性的形成和自我观念的来由。无论是基于他人视角的个人身份，还是基于个人眼光的自我观念，都与人的关系所依托的情境密不可分。

基于共同创生的自我及其情境的概念，可以说儒家的人己关系是在他人与自我之间建构一个桥梁，使得自我的个性消融为共性的生成过程，而人的成长是一个与他人共同创生的过程。人在世界之中，在与他人他物的共同生成变化的过程中构筑自身。在以孔子思想为核心的儒家经典中，这种建构的过程通过跟人己关系有关的一系列具有共同创生意义的哲学术语来表达。

《论语》第一句提到："有朋自远方来，不亦乐乎？"东汉郑玄注："同门曰朋，同志曰友。"旧本"有"作"友"。[1]"朋"的本义是同门、弟子、同学，后来朱熹认为"朋"是"同类"，与《广雅》"朋，比也，朋，类也"[2]所言一致。《易·兑》："丽泽兑，君子以朋友讲习。"是以朋友之间相互讨论研习为喜悦之事，与孔子开篇的说法相互发明。《中庸》："诚者，非自成己而已也，所以成物也。"《集释》曰："此文'时习'是成己，'朋来'是成物。但成物亦由成己，既以验己之功修，又以得教学相长之益，人才造就之多，所以乐也。"[3]《皇疏》引江熙云："君子以朋友讲习，出其言善，则千里之外应之。远人且至，况其近者乎？道同齐味，欢然适愿，所以乐也。"程子曰："以善及人而信从者众，故可乐。"又曰："说在心，乐主发散在外。"[4]儒家强调与同

① 程树德：《论语集释》，中华书局1990年版，第5页。
② 杜威也将两个人的友谊看得高于个性存在，因为友谊关系是价值的源泉。与《中庸》中的"诚"具有宇宙论意义类似，杜威也将"友谊"之类的经验扩展到文化存在的根本意义上来理解。
③ 程树德：《论语集释》，中华书局1990年版，第6页。
④ 程树德：《论语集释》，中华书局1990年版，第6-7页。

学朋友一起切磋学问的乐趣，也说明自我是与他人共在并与他人发生思想交流才能够逐渐成长起来的。

这种人己关系通过"与"字得到表达，《论语·微子》："鸟兽不可与同群。吾非斯人之徒与而谁与？天下有道，丘不与易也。"一句多次使用"与"字。孔安国注曰："隐居于山林，是与鸟兽同群也。吾自当与此天下人同群，安能去人从鸟兽居乎？"[1]孔子拒绝与那些不可能像他一样追求道的人为伍。孔子认为，如果天下有道，他就不需要积极入世、参与世间力图改变了，如朱熹《集注》："天下若已平治，则我无用变易之。正为天下无道，故欲以道易之耳。"[2]李泽厚《论语今读》说："孔子之情不同隐者之情。此不同固基于对局势认识的不同和道德理想的不同，因之采取不同的人生态度，而怀有不同之生活感情。"[3]李强调孔子不同于隐者的那种对天下苍生的热忱和投入的情感，而情感作为"与"他人共在的基石被突出出来。

小篆字形的"与"由"一、勺"组合起来，表示赐予别人东西，后有交往、交好之义。如《庄子·大宗师》："孰能相与于无相与。"释文："犹亲也。""与"还有应和之义，如《中孚·九二》："鸣鹤在阴，其子和之，我有好爵，吾与尔靡（共）之。""与"在此有"和"之义，同类事物由于彼此呼应而相互关联，"应"有人心彼此相感而和同之义。《易传》说："君子居其室，出其言善，则千里之外应之，况其迩者乎？"指的是人与人之间的感通，本质上是心灵的感通，不会因为距离而减低彼此感应的强度，其隐含的意思就是同类的事物，尤其是人与人之间，可以跨越时空的分隔而产生心灵的感通。孔子的"与"，带有与人交

① 程树德：《论语集释》，中华书局1990年版，第1270页。

② 〔宋〕朱熹：《四书章句集注》，中华书局1983年版，第184页。

③ 李泽厚：《论语今读》，安徽文艺出版社1998年版，424页。

往、交好并与人彼此应和之义，他积极入世，正是因为天下无道，所以认定这个世界需要他的热情参与来恢复天下的大道，这与隐士隐居避祸的人生态度非常不同。从另一个角度来看，隐士通常都无法与人交往交好并与他人发生应和，进而产生消极避世之心，认为积极参与世间的事务不可能有什么积极的作用，而孔子虽然同样处于无道之世，却仍然积极用世，力求参与到人群之中，与人交往、交好，并力求改变他人，进而改变世道。

归根结底，孔子的这种参与世间的态度建立在相信他人与自己类似，并且可能被教育和改变的良好愿望前提下。从另一个角度说，孔子认为他人在世界上是自我的延伸，可能因为我积极主动参"与"到他者之中而使得对方有所改变。这样，孔子相信可以从改变"家"开始，最终改变"国"以至"天下"。这种乐观主义情感的理想表达在张载《西铭》"民吾同胞，物吾与也"中得到极致表达。张载可谓与孔子一脉相承，都基于儒家"与人共在"的观念而强调人能够入世参与改变世界的可能性，不过，孔子不愿与不同道的人为伍，相比之下，张载有泛爱思想，认为人不分亲疏远近，天下万物都可以作为我的朋友来共处。

孔子的"与"可以理解为由己及人并在关系中达到一定境界的构成性状态。人时刻处在与他人共生的关系之中。从另一个角度看，这种与他人共在的信念根本上相信同道的存在，至少信奉自己学说定能通过学生得以传承。《论语》中多次提及孔子渴望有人能分享他的志向，说明孔子本人在求道的旅程上一直追求同道，孔子多次评价其弟子，但满意的似乎寥寥无几："德行：颜渊、闵子骞、冉伯牛、仲弓。言语：宰我、子贡。政事：冉有、季路。文学：子游、子夏。"（《先进》）这可能与孔子本人的要求高有关。他还觉得："可与共学，未可与适道；可与适道，未可与立；可与立，未可与权。"（《子罕》）他所参与的、共在的道不是他人可以完全分享的。他曾经以为，颜渊可以继承他的衣钵，可惜颜渊英年早逝，"颜渊死，子哭之恸。从者曰：'子恸矣。'曰：'有恸乎？非夫人之为恸而谁为？'"（《先进》）颜渊作为他特别满意的弟子，却不能如他所愿把自己的平生所学都继承下去，也就特别感到哀伤。孔子主动地以继承和发扬文化之道为使命，却难以如他所愿。这也影响到儒学在把握己与人的关系中，求己而不求人的倾向，因为对于他人无论如何满意，但关系的发展变化往往难以达到个人理想的状态。

孔子这种与人一起求道的努力在自己的学生身上没有得到满意的传达，即使一些杰出的学生也不能通盘继承自己多方面的学问，所以他多次表达求道的努力不过是个人的追求和品格，甚至个人一时一地的努力就可以立即达到，可惜大多数人无法做到这一点。比如他曾说："仁远乎哉？我欲仁，斯仁至矣。"（《述而》）"欲仁"作"想要仁"或"想要行仁"解，但"欲"也可以作"希望""追求""有志""有意"等解。《皇疏》引江熙云："复礼一日，天下归仁，是仁至近也。"[1]关键在于，自己的"克己复礼"如何能够立即让天下达到仁境，所以这里有道德主观主义的成分。[2]焦竑《笔乘》写道："此孔氏顿门也。欲即是仁，非欲外更有仁。欲即是至，非欲外更有至。当体而空，触事成觉，非顿门而何？"这是把孔子当下欲即是至于仁的说法比作顿教，也就是认为孔子相信个人主观意愿的开悟和领会能够直接改变当下的情境。朱熹《集注》说："仁者，心之德，非在外也。放而不求，故有以为远者。反而求之，则即此而在矣，夫岂远哉？"其实就是要强调"仁"并不是非常难以达到的品格，因为求仁的根本在于求己，也就是要求自己当下达到"仁"即

① 程树德：《论语集释》，中华书局1990年版，第819页。
② Haiming Wen. "Two Versions of Desire-based Subjectivism: A Comparative Study of the Analects and the Lotus Sutra", *Asian Philosophy*, Volume 21, Number 4, November 2011. pp. 419–435.

可，"仁"并非像"圣"那样难以达到，其实根子就在一念之间，如果内心想要"仁"而要求自己做到仁，其实仁德就已经来到。这里的"至"意味着"到""到达"，意味着我们的思想意识需要在某种机缘领悟的情况下立即参与到一个当下实现"仁"的过程中，这个领悟的过程改变了当下的心境，立即构筑起长期梦寐以求的"仁"之域。对"仁"的当下领悟，可以说是由一个简单意念所致，但不是单纯依靠某个具体意念就可以达到的，而是一种开悟状态。

与这种关于人己关系的道德主观主义紧密相关的是孔子的另一句名言："一日克己复礼，天下归仁焉。"（《颜渊》）关于"克己"的理解，通常把"克己"解释为约束自己，该解是把人己而不是人与礼看作冲突的两方，如俞樾《群经平议》："孔子之意，以己与人对，不以己与礼对也。"①这是认为孔子把人己关系看成一对冲突双方，而己与礼之间并没有明显的冲突。但是对于"己"到底是私欲还是作为身体的自己，历代注家有不同的说法。比如惠士奇《礼说》："克为敏德，以己承之。孔子曰克己，曾子曰己任，一也。己之欲非己，犹身之垢非身。为人由己，是谓当仁。仁以成己，惟敏乃成。"他反对"训己为私"的解法。毛奇龄《论语稽求篇》："马融以约身为克己，从来说如此。"这是把"克己"解释为"约身"，他认为"克己复礼"见于《春秋·昭十二年》，所以"本属成语"，"克者，约也，抑也。己者，自也。"②这就是"己"与"自"相连。阮元《揅经室集·论语孟子仁说》："颜子克己，己字即是自己之己，与下文'为仁由己'相同。"阮元反对把这里的"己"解释为"私欲"，认为下文"'为仁由己'之己断不能再解为私，与上文辞气不

---

① 程树德：《论语集释》，中华书局1990年版，第817页。
② 程树德：《论语集释》，中华书局1990年版，第817页。

相属矣"①。程树德也认为阮元的说法正确。

而与把"己"理解为"自己"不同的是把"己"与"私"联系起来的看法，典型如朱熹《集注》：

> 己，谓身之私欲也。……盖心之全德莫非天理，而亦不能不坏于人欲。故为仁者必有以胜私欲而复于礼，则事皆天理，而本心之德复全于我矣。……又言为仁由己，而非他人所能预，又见其机之在我而无难也。日日克之，不以为难，则私欲净尽，天理流行，而仁不可胜用矣。②

程树德虽然注意到"胜私欲之说，《论语》二十篇中固多有之。'富与贵，是人之所欲也，不以其道得之，不处也。'不处者，胜之也。原宪问'克伐怨欲不行焉'，不行者，胜之也。'枨也欲，焉得刚？'欲者，多嗜欲。刚者，能胜之也。又有不明言欲者。君子有三戒：戒色、戒得。色与得者，欲也。戒者，胜之也"③，但程对朱熹把孔子的"复礼"用"理"来解释的方式很不认可，认为孔子"止言克己，并未言私欲"，所以朱熹的这种说法失去了"圣人立言之旨"。④他认为，虽然《尔雅·释诂》"'克，胜也。'又：'胜，克也。'转相训"，但还是应该把"克己"的"克"训为"约"，是引申义，如同颜渊所言"约我以礼"的约束之约，"约身犹言修身也。"⑤他引《说文解字》"克，肩也"，认为"克己复礼，以己身肩任礼也。言复者，有不善未尝不知，知之未尝复行，《周易》所谓'不远复'也。克己复礼，仁以为己任，故为仁

---

① 程树德：《论语集释》，中华书局1990年版，第818页。
② 〔宋〕朱熹：《四书章句集注》，中华书局1983年版，第131—132页。
③ 程树德：《论语集释》，中华书局1990年版，第820页。
④ 程树德：《论语集释》，中华书局1990年版，第819页。
⑤ 程树德：《论语集释》，中华书局1990年版，第820页。

也。……诸书所言克己语意正同。如此则下言天下归仁，言由己不由人，语意一贯。《扬子法言·问神篇》："胜己之私之谓克。"是解克为胜私，非训己为私。且以克己训责己，而去私之学在其中也"①。可见，程树德认为，朱熹将"己"解为私欲的说法离经叛道，至少脱离传统的诠释语脉。

今人杨伯峻注"克己"为"抑制自己"②；马恒君译为"克制自己"③；李泽厚解释为"约束自己"④，基本上延续程树德以"约束"解"克"的思路，而没有继承朱熹把"己"解释成为"私欲"的说法。李泽厚指出：

"仁"不是自然人欲，也不是克制或消灭这"人欲"的"天理"，而是约束自己（克己），使一切视听言动都符合礼制（复礼），从而产生人性情感（仁）。⑤

可见，李泽厚把"己"解释成为"人欲"欠妥，而认可"约束自己"的解释进路。应该说，"约束自己"主要是对自己的行为进行主动约束，而"胜私欲"虽然也在自我约束的情理之中，但只是自我约束的一部分而已，是对"约束自己"的一种更加明确和狭隘的解释。

程树德《集释》对于"归仁"没有详细考辨，朱熹注"归，犹与也。又言一日克己复礼，则天下之人皆与其仁。极言其效之甚速而至大也"。

① 程树德：《论语集释》，中华书局1990年版，第820-821页。
② 杨伯峻：《论语译注》，中华书局1980年版，第123页。
③ 马恒君：《论语正宗》，华夏出版社2007年版，第184页。
④ 李泽厚：《论语今读》，安徽文艺出版社1998年版，第274页。
⑤ 李泽厚：《论语今读》，安徽文艺出版社1998年版，第275页。

杨伯峻按照此意将"天下归仁"译成"天下的人都会称许你是仁人"。[1]马恒君译成："天下就会回归到仁。"[2]李泽厚译为："那中国就都回到'仁'了。"可见，自己被称许为仁人与天下都回归仁这两种解释径路的着眼点很不相同，前者在乎的是自己，而后者在乎的是天下。应该说这一点上朱熹的注与"人欲"的说法一样，相对有点狭窄，把孔子心怀天下、济世利人的胸襟归结为天下人都称赞自己的自我满足感，其实孔子是客观地希望出现一个"仁"的天下，虽然自己的学说当时得不到推行，但至少提出了一种假说。

无论是当自己觉得达到仁，则天下的人都会称许你是仁人，还是当自己做到仁，则整个中国或天下都回到仁这两种[3]讲法，其实都是主观主义的。两种看法都认为，人一旦克制、约束自己服从于礼的秩序，则或者别人称许自己立即成为"仁"人，或者整个天下的他人都能够回归到"仁"的境界。不论是就"己"的仁还是就"人"的仁来说，我们只要放在孔子所处的无道时代来反思他的说法，不能不说他的看法具有主观主义色彩，因为他无视于天下无道、多数人都不仁的现实，认定自己主观上达到仁就是引导周围人趋向仁的根本。这种无视现实的不如意而内向超越的状态在孟子那里更进一步，成为"沛然莫之能御"的"内圣"境界。《论语稽求篇》引《礼记·哀公问》"君子也者，人之成名也。百姓归之名，谓之"，认为："百姓之归亦只是名谓之义。"[4]这就点明了天下百姓都能够立即归于"仁"其实是有名无实的现实情况，而要所有这些人都称许你自认为达到"仁"，恐怕也是主观想象多于客观现实判断。当然，作为

---

[1] 杨伯峻：《论语译注》，中华书局1980年版，第123页。

[2] 马恒君：《论语正宗》，华夏出版社2007年版，第184页。

[3] 李泽厚：《论语今读》，安徽文艺出版社1998年版，第274页。

[4] 程树德：《论语集释》，中华书局1990年版，第818页。

一种理想境界的提出，孔子的提法自然有他的深意，或许可以理解为希望每个人都约束自己，从而让天下人在彼此自我约束的理想状态中达到仁。说难很难，但一旦天下每个人都这样做，这种理想的状态无疑可能马上实现。

可以这样说，以孔子的视角看来，己与人关系的和谐始自对自己的约束，其中一大重要约束内容是对私欲的克服，这意味着个人通过心念的自制，限制自己私欲的公共表达，也限制自己的行为方式，力图使行动都合于礼制。孔子提出自己意念与他人相关联的具体方法要依循"毋意，毋必，毋固，毋我"（《子罕》），焦竑《笔乘》："意者，七情之根，情之浇，性之离也。故欲涤情尽性，必先伐其意，意亡而必固我皆无所传，此圣人洗心退藏于密之学也。"程树德指出，"此章之意，即'不億不信'、'億则屡中'之億，乃测度之义。朱子释为私意，以伸其天理流行之说，已属不合。陆王派直将意字解为意念之意，以无意为不起念，更为强经就我。惟二者较之，终以陆王派所说尚有心得。"[1]今人多不从朱熹的理解，如杨伯峻认为"意"是"悬空揣测"[2]；马恒君认为是"凭空猜想"[3]；李泽厚译为"不瞎猜"[4]。可见，不可以仅仅凭借主观的想法就随意测度外在的事情，要根据事情的本来面目来应对。在人己关系之中，每个人都难免有自己的想法，但自己不应该为情绪和私意所控制，而要尽可能符合他人他物的客观情况。其实，不随意测度外在的情况，并不可能是完全不起心动念，不可能做到没有意念的状态，只是所起的意，不是主观自我的"私意"，而是有着广大公共性的意向境遇。也就是说，自我需

---

① 程树德：《论语集释》，中华书局1990年版，575-576页。

② 杨伯峻：《论语译注》，中华书局1980年版，第87页。

③ 马恒君：《论语正宗》，华夏出版社2007年版，第134页。

④ 李泽厚：《论语今读》，安徽文艺出版社1998年版，第217页。

要将个人的意向打开，尽可能地符合客观的情形，并与外在的情境沟通。可见，"四毋"是敞开心扉与人共在，意念的升起有着"与人共在"的意识前提，这也是孔子"仁"含义的重要部分。

个人与他人和谐共在突出表现在孔子的名言"君子和而不同，小人同而不和"（《子路》）里。这是对于不同的人际关系存在方式的价值判断，突出对差异性的尊重，认为个体的健康存在状态是与差异性共在，而不是简单追求同质性。君子珍惜与不同事物共在的价值，而小人则只在乎他们自己的独特情境，不尊重他人的经验。这种对于不同人与事物和谐共在的价值认同可以哲理化为事物之间的和通，如《国语·郑语》中史伯曰："夫和实生物，同则不继。以他平他谓之和，故能丰长而物归之；若以同裨同，尽乃弃矣。故先王以土与金、木、水、火杂，以成百物。""和"的本义是阴阳和谐，在政治上是尊重不同意见的前提下努力取得共识。

在尊重他人的前提下，孔子认为人己关系的主动权还是把握在自己手上，如孔子回答子路何谓君子时答道："修己以安人。"（《宪问》）刘宝楠《论语正义》："君子，谓在位者也。修己者，修身也。以敬者，礼无不敬也。安人者，齐家也。安百姓，则治国平天下也。"[1]并引《家人》卦女内男外，认为是"安人之义"。孔子认为"修己以安百姓"可以说是最高境界，即使尧舜都难以做到。朱熹《论语或问》对于"敬"特别留意，认为"齐家治国平天下之本，举积诸此"[2]。清人陆陇其甚至本朱熹之意提出"一切致知力行工夫都是敬做成的"[3]。这样就把"敬"作为修己的根本。由于君子具有在上位的领导者之义，于是"人"或者被

---

① 程树德：《论语集释》，中华书局1990年版，第1041页。

② 〔宋〕朱熹：《四书或问》，上海古籍出版社2001年版，第338页。

③ 程树德：《论语集释》，中华书局1990年版，第1043页。

解释为"家人""臣"或"朋友九族"，于是"安人"成为"齐家"或"治国"。①就人己关系而言，"安"是自己先持敬安宁，内心和谐，进而把和谐带入与他人的关系，从而使关系和"安"，如果放之天下国家，这不是容易做到的。这与孔子所谓"君子求诸己，小人求诸人"（《卫灵公》）是一致的。君子小人不过是在"求己求人一念之别"上，因为对君子来说，"必求自尽，心始安耳。"②而如果有一念勉强，就与小人等同。可见，孔子的道德评价方式，根本上是落实于人的主观道德境界，至于客观的道德效果，由于超出了自己的控制范围，"穷通夭寿侲之天，用舍毁誉听之人，与己无与也。"③所以没法计较道德行为的实际效果。一个持敬修己、力图安人的人，有可能被人误解，所以真正做到"安人"非常之难。从求己不求人的角度看，儒家伦理以追求内心主观境界的提升为目标，而不强求道德境界必然有实际的道德效果。

以此观之，孔子虽然提出一些调控人己关系的具体操作原则，但实效不在"己"，所以也就主要落实在"己"而不在人，比如他的恕道"己所不欲，勿施于人"（《卫灵公》）是要把自己每时每刻发于他人的意念做一种先行的反省，如果是自己不想要的，就不要加到别人身上。焦袁熹《此木轩四书说》："圣贤学问无不从人己相接处做功夫，既有此身，决无与人不交关之理，自家而国而天下，何处无人，何处不当行之以恕。"④"恕"可谓处理人己关系的根本准则，但不是外在的，而是心理的。李泽厚意识到"'忠恕'都建筑在心理情感之上"，但他反对把"恕"看作宗教性私德，而要求把它看作基于"近代理性-社会契约"

---

① 程树德：《论语集释》，中华书局1990年版，1041页。

② 程树德：《论语集释》，中华书局1990年版，1104页。

③ 程树德：《论语集释》，中华书局1990年版，1104页。

④ 程树德：《论语集释》，中华书局1990年版，1107页。

的"宗教性公德"①。应该说，将心比心的基础是人与己都有一个共通的心，没有人与人之间的基本相似性，就不可能实现"恕"，也就难以实现关系的和谐。在这个意义上，"恕"与"仁"内涵一贯，不仅仅是处理关系的方式，而更重要的是强调人与人之间共通的心理-情感基础，认为视他人如己是合理的处理人己关系的起点，而他人与自己一起创生于共生情境之中。自己思考、感触与行动之时都必然、也应当能够影响他人。

儒家这种由己及人观可以归结为"夫仁者，己欲立而立人，己欲达而达人"（《雍也》）这句经典表述。该章以子贡的设问"仁"是"博施于民而能济众"开头，孔子则回答，如果是这样，连尧舜还常常担心自己做不到呢！孔子给"圣"与"仁"做了一个分界，如阮元《揅经室集·论仁篇》："孔子论人，以圣为第一，仁即次之。"②孔子曾说："若圣与仁，则吾岂敢？"（《述而》）但如果把"圣"与"仁"比，还是"圣"更难以达到。如李泽厚指出，"'仁'主要是指一种心理情感和精神境界，'圣'则因包括外在功业的整个客观成就，所以'大'于仁。……儒家的目标是'小康'，不作偏远乌托邦之思，典型地表现了实用理性，倒可用之以接近英国经验论的自由主义。"③对于子贡以"圣"的境界为"仁"，孔子是无法认同的，因为他意识到"圣"的境界不仅仅要"大仁大智"，而且要有"巨大的能量或一定的权力为条件"④，这不是一个学习"仁"的儒者想做就能够做到的，对一般人的要求太高了，所以李光地《论语札记》说："若学者坐而言此，则非切己功夫，故夫子以仁者之

① 李泽厚：《论语今读》，安徽文艺出版社1998年版，第369页。
② 程树德：《论语集释》，中华书局1990年版，428页。
③ 李泽厚：《论语今读》，安徽文艺出版社1998年版，第168页。
④ 马恒君：《论语正宗》，华夏出版社2007年版，第99页。

心求仁之方告之。"①可见，虽然"以己及人，仁者之心也"，②但是如子贡一般要求及于所有的人，就不是"仁者之心"所能够达到的了，可以心向往之，但不可强人所难。孔子强调的是"及人之心"，而不是及于所有人的客观效果，后者即使连尧舜也不敢说自己做得到。可见，孔子的"仁"，主要是当下的"及人之心"，也就是一念之间想到他人，帮助他人；"己欲立而立人，己欲达而达人"，也就是通过"立"和"达"两个途径来表达。"立"作"树立""站起来"等解；"达"作"达到""行得通""开拓发展"等解。总的来说，孔子要告诉子贡，行"仁之方"是切近的，要"近取譬"，用自己的身与心去比，然后逐渐扩展到更多的人，而不是要一下子达到最高的"圣"的境界。当然简单说子贡"徒事高远"，则未必公允，如毛奇龄《四书改错》认为"《大学》明德必至亲民，《中庸》成己必至成物，《论语》修己必至安人安百姓，《孟子》独善其身必至兼善天下，……夫圣道未成，亦必先力推忠恕，而后可以成圣学"③。"圣"本来就是儒学"一贯忠恕之极至处"，本来就是儒学基于"仁"道而修齐治平的理想境界，不可能与"仁"学完全脱钩。

二、杜威论人己关系的缘发性

孔子思想中强调人与己共在的心理情感基础，在实效主义哲学家，尤其是杜威的思想中，可以找到很多类似和共通的地方。从孔子强调在人己关系中的一念把握来看，可以视为他对人己关系缘发端点的把握。这方面，杜威也有其把握缘发关系的方式。我们将二者互为参照，以期为儒家伦理学的现代建构在人己关系上找到一个突破的维度。与李泽厚诉诸近代

---

① 程树德：《论语集释》，中华书局1990年版，429页。
② 〔宋〕朱熹：《四书章句集注》，中华书局1983年版，第92页。
③ 程树德：《论语集释》，中华书局1990年版，429页。

启蒙理性以"西体中用"不同，本文的建构方式将表明，"中体"，尤其是中国哲人深思熟虑的关于人与己的心理情感基础，难以为西方的心理情感之"西体"所替代。

西方哲人很少对家庭展开论述，即使如亚里士多德和黑格尔谈及家庭，其观点多以自主性个体为基础。杜威意识到这点区别，曾指出"东方道德观念简直可以说全然来源于家庭"[①]，而与西方基于个性的伦理大不相同。确实，儒家传统中基本没有西方经典自由主义的个人观念。在儒家看来，个人首先归属于家庭和国家，群体中个体间关系重于个体身份。儒家传统中，一个人从婴儿时期开始就是家庭的成员，他与其他成员的关系不断延伸，该关系因生存而不断创生发展。张祥龙写道：

西方哲学，特别是近代以来的西方哲学，很少触及这层关系（亲子关系），它是西方思想本能回避的一个问题。海德格尔总说现代人无家可归，但对"究竟什么是家"却语焉未详，而且总是在离开人的实际存在的、更高或更低的意义上谈到"家"。[②]

尽管杜威并不如孔子那样重视家庭，但对他来说，自我或个体本质上是社会性的，个体不是孤独的，环境从最根本的意义上说就是作为个人共同体的社群。因之，杜威将人类团体理解为组织性的，无论这一团体是家或国，而个人的身份是通过与社群的交流来实现的。杜威重新界定了"个体"（individual）观念，用它来说明社群中的个人，其间人们彼此沟通，在交流中成长，并为每个个体提供机会。进步的社会珍视个人的变化，因

---

① 袁刚、孙家祥、任丙强编：《民治主义与现代社会：杜威在华讲演集》，北京大学出版社2004年版，第181页。

② 张祥龙：《孔子的现象学阐释九讲》，华东师范大学出版社2009年版，第188页。

为个体的成长可以映现出社会的发展。①

我们从自我与情境的关系这一思路出发，应当可以将20世纪初中国思想界与杜威的对话进行下去。这一对话的共同基础就是孔子与杜威关于个体与社群共同创生的思想。他们都认为人"穿越"并与他人及社群相融不分。正是通过这一共同创生的交流，我们可以提出关联性概念，认为人通过这种关系性与他人相连并共同成长：通过日常"经验"的交往和交流，人们彼此塑造对方的"身份"。"经"在"经验"一词中的原义是"经过"，也是织物竖线之义；"验"则有"检查""查验""考察"之义，所以经验是一个人选择或已选择的路径，而这一条路已经或正在被检验。英文experience原义是"试验"，意味着人们亲自体会事件，通过他们的参与来"历"事。②

这种人心与经验的连通性可以与詹姆士与杜威的经验概念作一比较。在《世界之为纯粹经验》中，詹姆士提出三重归纳法，以表达他对认知关系，即知者与所知物关系的看法。詹姆士认为，认识论就是研究关系性，而这正是在他激进经验主义的主题之下提出的。詹姆士还认为，经验是关系性的，他在1904年提出，关联经验的关系必须是关于经验的，而经验过的任何关系都必须被视为"真"。在詹姆士的实效主义体系中，他不同意通常意义上心与现实的静态关系，取而代之的是思想与更广泛的宇宙之间充分而活跃的关联关系。

詹姆士认为"纯粹经验"（pure experience）比心与物更有源初性，

① John Dewey. "The Individual and the World" in "Democracy and Education". *The Middle Works*, 1899-1924, ed. Jo Ann Boydston（1976-1983）, 15 volumes, Carbondale, IL: Southern Illinois University Press, 2008. p. 315.

② 杜威认为，我们的经验是一种试验过程，是通过尝试-错误的反应链条来实现的。试验主义思想肯定了人所生存的世界确乎存在种种危险，人与世界打交道要寻找一个合适的方式需要经过一个艰难的过程。

这与杜威关于经验是"有机体与情境之间的表达与交流"的说法相互印和。对杜威来说，经验是在连续不断的交流中产生出来的，机体是自然世界的一部分，与机体对应的才是真正的、变动不居的现象。因此詹姆士与杜威之经验概念都是反思的、相互创生的域之沟通。杜威认为经验从一种紧张状态中生成，这正是创生构成之域。只有进入了某人的经验并起作用的世界才可以称为"环境"。在交融的环境中，"经验"是鲜活的、创生的，因为机体与其情境完全交融、互不可分。交流作为一个反思性过程，可以从主动与被动两个角度来考察，而经验一直保持其源初生成的状态。对杜威来说，尝试与经历都是经验连续体的两方面。因此可以说，杜威的经验是反思性的，它发生在主客分别之前。①

杜威认为，人的价值与意义来自实践经验，在他看来，现代社会的根本问题是，在人对其共同生存的世界的信仰与他们行为所应当遵循的价值与目的之间，人们该如何重整与合作的问题。人们的信仰行为与环境共生，是反思性的共生过程。杜威批评经典个人主义者关于人格和社会的观点，认为他们削弱了个人主义的价值。行动取决于社会性，因为意向性行为与外在事物之力相关，必然与近处事物一同形成较大的情境。人们的意向是通过不断重新评判他们行为的价值来决定的。

当杜威谈及日常经验的源初性之时，他觉得哲学当指向日常生活经验

---

① 杜威在评价怀特海的哲学的时候，首先讨论怀特海关于哲学是"关于经验的描述性概括"（descriptive generalizations of experience）的说法，认为一切在自然能够找到的，都能够在人的经验中找到，所以我们不能直接从经验入手，而必须从已经"被经验的自然（the natural world that is experienced）"入手。Dewey. *Whitehead's Philosphy*（1937, On Alfred North Whitehead）. The Essential Dewey, Volume 2, *Ethics, Logic, Psychology*, ed. by Larry A. Hickman and Thomas M. Alexander. Bloomington and Indianapolis: Indiana University Press, 1998, p. 417. 杜威的这种说法，强调主观经验不直接构成哲学的对象，而只有主客相融的经验状态才是哲学的对象。

及其困境，诠释并使之对我们而言更有意义，更有启发性，从而使我们处世更有成效。对杜威而言，日常经验就是意义之源，它开启了我们的生活并帮助我们生活得更好。杜威受詹姆士的影响，指出"经验"可以涵盖生活的一切面向：

> "经验"是一个詹姆士所谓具有两套意义的字眼儿，好像它的同类语生活和历史意义，它不仅包括人民作些什么和遭遇些什么，他们追求些什么，爱些什么，想念和坚持些什么，而且也包括人们是怎样获得和怎样受到反响的，他们怎样操作和遭遇，他们怎样渴望和享受以及他们观看、信仰和想像的方式——简言之，能经验的过程。①

正是在经验含纳以前的宽广意义上，杜威认为个人与他人关系的根本出发点在于日常经验。换言之，人在日常事务中通过关联创生的交往来行动和认知，所形成的经验是共同创生的实践过程，是人之心性与其生活其间的世界形成不断变化的交流关系。人的意识一刻也不能离却作为其活动实践的关联之物。如此看来，意识每时每刻都与不断重构的新生经验之境相关联。人们通过延展和重复意识活动，将其创造自身的冲动实化，延伸其意识，将其化为日常事务。这就是日常经验中人与己合而为一，彼此不分的源初性。

正是日常经验的人己源初性向我们揭示出世界的意义。经验之流的方向指向未来，而经验之境仍基于过往。恰如杜威所言，世界充满着众多的冒险、偶然性和不规则性，因而，日常经验是在"精炼的经验形式如艺术品与公认构成我们日常经验的事件、经历、遭际等"之间的关联关系。

① ［美］杜威：《经验与自然》，商务印书馆1960年版，第10页。

杜威视个人经验与自然连通一体，他说："经验不是将人与自然相隔离的面纱，而是一种融贯、深入刺向自然心脏深处的途径。"①杜威所谓"融贯"（continual）和"深入"（penetrating)是针对人类而言——人类不是他们的心与所在之世本身，而是彼此之间相互性的身份构成，②人类通过身份的构成融贯地跟自然相通，可以说，人的日常经验是通过其与世界的交融而生成的、主客连贯的经验之流。③

在这个意义上，杜威的自我是在与他人发生关系的过程中不断建构起来的，个人的动机、判断的独立性是社群生发的原点。个人在关系中与其情境相通融，并通过其社会联络开拓其创生力、提升他们的生命。这种关联缘发性是自我修身、推己及人的起点。杜威认为，自我修养的延伸是一个交互反思的过程，其间作为不同类型人物的他者不应作为自我与其所在之世之间的阻碍。自我与他者的关系是一种融通关系，并在与其情境的不断有效交流中熔铸成形。④

杜威认为，我们应当回归到事件分别之前的原始经验之域，这种群己

---

① Dewey. *Experience and Nature*. Open Court, La Salle, Illinois, 1925. p. x.

② 人的身份亦是由其对话的过程来塑造的，是通过共同分享的经验（shared experience）来达到的。

③ 母亲的存在不仅是身体的延续，同时也是文化的传递。人们的生活方式、情感状态通过养育的过程传递到下一代去，使新生的个体成为文化的载体和生成的中心，不断重塑人的身份。杜威通过"习惯"的概念力图说明这种身份的延续是通过行为的习得过程来延续的，心身并不分离的一种经验之流。这令我们联系到横贯中国哲学传统的气宇宙论，并不需要一个独立个体，而是所有的个体都在气息流淌出链条之上，不断新生，不断在延续和创新过程中形成新的身份。

④ 很多西方学者认识到儒家自我观的关系性，如杜维明、狄百瑞、成中英、安乐哲和罗斯文等。参看伍安祖On-Cho Ng关于"关系性自我 relational self"的相关学术成果，伍安祖，"The Confucian Ethics of Being and Non-Being". *Deconstruction and the Ethical in Asian Thought*. Ed. by Youru Wang, London and New York: Routledge, 2007. p. 109. 本书强调此种关系的融通性，也就是说，儒家自我不仅仅是介入关系的，而且是在关系中达到彼此融通的。

原初之点是充沛的创生力源泉。在更加广阔的意义上说，宇宙没有中心，而每件事都可以成为其他事物的中心，与此同时，又作为其他事物的关联境域的一部分。从这种焦点—场域视角来看，每一社会事件都可以被当作世界的中心，如火苗照耀他物，同时每一火苗都是其他火苗之总体背景的一部分。人己关系可以通过这种焦点—场域关系来加以理解，每一自我都是一个焦点，而成片的他者连通成一个生成自我、突出自我的关联场域。杜威对个人的重新建构包含了自我在社群中的积极参与，个人之间彼此分享独立完整的经验：这种分享是一种完美实现——动态的社会组织之每个繁杂层面都彼此沟通，并因此允许每个人的能力和能量充分修养和成长。

三、家庭与社群

通过儒家关于自我与他人的观点与杜威关于经验的哲学思想的比较，可以看出儒家与杜威的哲学在人类社会存在状态方面具有某种共通性。孔子与杜威的思想都重视人们的实践效果，并视价值为共同创生以提升社会中道的理念。他们都认为哲学可以提高我们的生活价值。杜威认为，从个人的角度看，价值是个人努力承担其所属社群之整体的价值观；从群体的角度看，价值要求解放个人潜能，使之与社群利益相和谐，是个人的行为形成了群体的合力。价值来自人心与其环境的参与和沟通。"心灵是参与者有效存在的方式，其间意义和价值展示出来，保持在一个生物与其环境沟通的过程之中。"[①] 可见，心灵通过人们的参与来与环境共生，而价值指向经验全体，并形成群体中的个人身份。

相比之下，儒家学说也注重通过日常经验来修身养性。我们可以说儒家和杜威都强调共同经验的维度：在完满的社群之中，个人彻底与社会

---

① Dewey. *Art as Experience*. New York: Perigee Books, 1934. p. 22.

交织一体。孔子与杜威都同意适当地将我们的意向意义化以改变世界，同我们周围变化的事物共同形成交流的精神实体。孔子与杜威对话的一个明显特征是我们的意念随世调节，而与此同时情境中的人不断实现，其自我控制力图与周围作为实化意念的事件相关联。对詹姆士和杜威来说，人类自我与外在世界相融不分。詹姆士认为，较为"广阔的自我"可以理解为"外在的宇宙"，它可以被视作支持自我的一连串意识之流中的活生生的存在物。对杜威来说，世界是从自我延伸出去的世界，通过自我与世界的沟通，意义和价值生发出来，并成为"自我的内在部分"①。依杜威的看法，价值从人与其情境的沟通中产生，而不是从人的思想产生，衡量人真正的价值在于他做了什么，而不在于他有意识地想什么或说什么，因为只有做是实际的选择，它是思考的完成。在杜威看来，实践是思想的实化，而且这是人在其生命中成就的尺度，人格、自我、主观性都是与复杂的机体沟通共同生成的，它们是有机的、社会性的自我个体，在简单事物上有其基础与条件。②

在杜威关于自我与他人的理论中，自我存在于他人的关系之中，因此自我比孤立个体更宽广。杜威注意到，自我通过行动而生成，对与他人的关系有信心，使个体成为更加充分而广泛的自我，比起那些与世隔绝地成长或在与他人的目的或需要相对抗中成长要好得多。③正是在这个意义上，儒家的自我修养与杜威关于人通过与他人关系来提升自我的思想是相

---

① Dewey. *Art as Experience*. New York: Perigee Books, 1934. p. 104.

② 当代将儒家与杜威思想相比较的一个重要维度就是儒家与杜威关于人的社会性的认同。比如Joseph Grange 就认为，杜威与儒家都同意人主要是社会性的，人的身份、成就、责任等都是其社会性的产物。Joseph Grange, John Dewey. *Confucius, and Global Philosophy*, State University of New York. 2004. p. 15.

③ Deway. *The Late Works*, 1925-1953. Ed. Jo Ann Boydston（1976-1983）. Vol. 17. Carbondale, IL: Southern Illinois University Press, 2008. p. 302.

通的。

从杜威的角度看，知人是知己的一种方式，"对他人的意识越明晰，对自我的认识就越确定。"①人类通过与人沟通而知人。自我与他人之间的沟通过程让杜威得出一个结论：人是一个生成的过程，是"有待创造的个体"，在这个过程之中，"旧的自我不断消褪，而新的自我不断生成，其最终构成的形态取决于冒险的一种不可见的结果。没有不摒弃旧世界就能发现新的。"②因此，变动主体不再是传统意义上的主体，而是在情境中消融了自身的主体。这种主体观同样体现了杜威认为自我"属于一个相连事件的融通系统，它加强活动，形成一个自足的、不断顺其倾向、满足其需求的世界"。人是在情境中活动，并因其行动而得扩展。张祥龙指出家庭成员的相似性和"共在"性：

> 父母是已经存在的"正在过去"，子女是将要存在的"正在到来"，两者以相依为命的方式"共在"着。……父母与子女的相依共在才是更真实的、原本的时间单位载体。换句话说，对于现存人类来说，亲子家庭才有生存时间的意义机制，这种家庭才是一个完整的人类身体。③

家庭是人类社群的第一场域，它由共时性个体之间的彼此依赖、共同创生来组成。这样说来，就自我的源初生成性来说，自我在情境中发生，自我修养始自人之意识与社群之间的和谐关系。对杜威而言，就是环境与其机体之间的交流，而节奏从相互交流中发生。自我能够欣赏并运用情境

---

① Deway. *RP* in *The Middle Works*, 1899–1924. Ed. Jo Ann Boydston（1976–1983）, Vol. 15. Carbondale, IL: Southern Illinois University Press, 2008. p. 340.

② Dewey. *Experience and Nature*, op. cit., pp. 244–245.

③ 张祥龙：《孔子的现象学阐释九讲》，华东师范大学出版社2009年版，第228页。

的力量，吸纳事物运动的内在之势，然后把见识运用于变化的事物并与之融通。

在人与己不断交融激荡的过程中，如何维持自我的同一性成为问题。人的同一性来自人意识到自身的经验不能为他人的经验所替代。如詹姆士所言："我们彼此的经验通过多种不同的方式互相关联，但你的仍然是你的，你的与我的从来不能交换。"①这样说来，"我"构成我的经验，而且并不与"你的经验"构成的"你"相关。个人不只是"主体"，而是"变化情境中的主体"（agent-in-changing-context）。对詹姆士来说，意识的融通性是人类身份的重要组成部分。如果按照近代西方以前的神学传统，人是依照上帝的模样塑造的，那么人就是被决定的，也就不具有独立的个体性。在近现代西方哲学家看来，人重新被赋予了主动性，能够在一定的情境中行动，成为在不断变幻的环境中前进的主体。②

主体与情境之间的动力，导致了时间之流中的身份问题，依据所罗门的观点，关于人的同一性有两个维度，一个是历时性问题，它指向在时间流变中什么构成了同一个人。另一个限于一时的维度，它指向是什么构

---

① James, William. *Essays in Radical Empiricism*, New York: Longmans, Green and Co. Reprinted in Lincoln and London: University of Nebraska Press, 1996. p. 25.

② 经验是在人己关系的缘发性混沌中逐步明确化的，是不同事物之间的相互缘构，它们之间的关系是一种互相构成的关系。人是由其关系构成的，是通过对角色的认同、扮演而逐步成就其个体性的。但是，角色的活力来源于人对自己与他人关系的把握能力，一旦这种把握能力发生错误，人的角色扮演就立即出错。在间谍电影中，由于对角色的领会出了问题，而导致行为失当，便是由于对跟他人的关系的领会发生错误而导致重大的失误。可见，角色的根源仍在自身的领会，不在社会的要求，是个体对人己缘发关系的界定和理解。角色扮演的过程，是人与其所在情境相互缘构、共同成长变化的过程。其价值诉求在于互利互惠、共同发展，当然也有互相伤害的关系。人一直在情境中行动，寻找合理的行动方式，并且不断调节其人缘创生力的生发状态，从而形成创生力展开的动态结构。

成了新的经验，和他人的经验。①所罗门主要回答历时性的问题。对特定的人而言，身体的存在是变化过程中的关联性存在方式。在人有同一性之前，人们试图理解他身居何处，即人们倾向于了解他们所在之处。通常来说，"位"蕴含着"身之位"，人的身体占有一定的空间，而能够占据这个位置的能力是身体的延伸。某人的身体是他与他者关系的中心，而身体的联系是主体运动的基础，周遭的事件是附属于身体的。人之生成情态好比花草树木生长在不同的地方，其周遭的情境变幻不定。

任何两个存在者之间的区别形成了特定背景下的情境不平等。对不同个体来说，求生的本能与能力意味着它当尽力在持续的过程上行动。在这些过程中，身体通过彼此互补的行为来行动。因此，个体的生成情态是通过不断实现在指向事件充分生发的良好生存境况与使得事物不能充分生发的不良生存境况之间的平衡状态来实现的。

综上，探讨孔子与杜威在人与己关系问题上的可能对话，因为他们都把人己之间的源初性看作是伦理和政治关系缘发性的起点。在孔子和杜威关于人伦关系的讨论中，人与己的关系是家庭、社群以及社会正义和民主的基石。②从人己关系源初性的蕴涵出发，本文探讨儒家人己源初创生力的来源，美国实效主义尤其是杜威思想与儒家的可能对话，认为杜威伦理思想对儒家人己关系具有借鉴意义。③

---

① Solomon, Robert C. *The Cross-Cultural Comparison of Emotion, in Emotions in Asian Thought: A Dialogue In Comparative Philosophy*, ed. Joel Marks and Roger T. Ames. Albany: State University of New York Press, 1995.
② 杜威著作中很少谈及家庭，没有把家庭视为人际关系的中心。杜威研究了那个时代盛行的科学主义，并希望将科学主义纳入哲学的轨道。他将社群作为人际交流的基础，令其具备类似儒家家庭观念的人际核心位置。
③ 杜威哲学作为实效主义哲学传统的主要代表，在美国哲学的现状也基本上是边缘化的。美国只是在近二十年来，有复兴新实用主义哲学的运动，其哲学的哲学意味长期不被哲学的主流所重视。

在这一对话中，日常人伦是人己关系的基础，自我融合其间并与他人发生源初创生的关联，而家庭、社群和社会都是始自个人这种扩展其缘始创生的关联性。人在与他人的源初构成中消解了人之为"己"，人缘创生力得到生发而逐步扩展为"人－己"。儒家的自我修养或自我的成长是"己"的边界在"人－己"之间交融激荡的过程，而这一交融的力量，就是人缘创生力。孔子的"仁"可以理解为自我与他人之间的共同创生的关系，理解为一个开放给多人的彼此创生的情境。这么说来，孔子的"仁"是一个人－己关系体，在一定意义上，其他的范畴如"义""礼""智"等，都具有将某个人与他人的关系转化升华的意味①。于是，有必要进一步考察人缘创生伦理学的意义生发机制。

第六章　论集权与分权：由朱熹的集权与分权说推致

集权与分权说是朱熹政治思想中重要的一维，是朱熹依据南宋实际对国家政体和形式所做的体认，是平衡君权、相权、地方权力的一种措施，是应对当时迫在眉睫而需要增强军事力量以对抗金朝的悲愿；就当今而言，集权与分权也是维持国家安定、长治久安需要加以认真反思的重要课题。

一、朱熹集权分权思想的时代背景

朱熹所处的时代，面临严峻的抗金形势，如何协调中央集权与地方分

① 儒家赋予人缘创生力以宗教意味，以致儒家人格的人可以从儒家的社会生活状态中达到使生命有活力和有意义的基础，不需要借助与制度化的体系，而关注某种宗教性的情感。

权成为当时突出的问题，是关系南宋生死存亡的关键。

作为掌管中央集权核心权力的君主，其君权的授受和实施都要符合天理。于是，朱熹变"君权神授"为"天理君权"，君主修德以配天理，修德的要旨是转变"私天下"的观念，"即转为天下之大公，将一切私底意尽屏去。"[1]这即是"正君心"，"正君心是大本，其余万事各有一根本。"[2]修德治国要虚心纳谏，博采众议，反对君主"独断"专行。"今者陛下即位未能旬月，而进退宰执，移易台谏，甚者方骤进而忽退之，皆出于陛下之独断。而大臣不与谋，给舍不及议，正使实出于陛下之独断。而其事悉当于理，亦非为治之体，以启将来之弊。"[3]君主的专权独断，不仅违反天理，而且祸害后世。

朱熹反对君主专权独断，内蕴着分权的含义。南宋时，内外交困，岌岌可危，金兵不断南犯，人民生命财产不保，地方政权既无重兵亦无将领，毫无抗金能力，基于这种形势而展开了集权与分权之争。

宋太祖赵匡胤建立北宋后，鉴于唐末藩镇割据和五代分裂局面，行"杯酒释兵权"之法，抑制强兵悍将，削弱将领军政，加强禁军，以防拥兵自重。大力加强中央集权，地方官由中央直接派遣，三年一仕。设置枢府、三司及通判，以分相权和地方长吏之权；宰相作为政府首脑，行使行政权力，对皇权有制约作用；削弱相权，以使政、财、军三权悉归中央，由皇帝节制。这种"强干弱支"政策的推行，虽防止了地方势力与中央的分庭抗礼及将领的兵变，但却削弱了抵抗外患的实力，使北宋出现了"积贫积弱"的困局，最终导致北宋的灭亡。

南宋承继北宋的政体结构和政策，但金在灭北宋后，继续进攻南宋，

---

① 黎靖德编：《朱子语类》卷一〇八，中华书局1986年版，第2679页。

② 黎靖德编：《朱子语类》卷一〇八，中华书局1986年版，第2681页。

③ 〔宋〕朱熹：《经筵留身面陈四事札子》，《朱文公文集》卷十四，《四部丛刊》本。

南宋偏安政权实乃终日不安。为此，当时抗金名将韩世忠、刘光世、杨沂中、刘锜等据守地方，扩充兵力，成为抗金的主要力量，他们倾向于分权于将帅，而不满于权力过于集中，统得太死。范宗尹建议："太祖收藩镇之权，天下无事百五十年，可谓良法。然国家多难，四方帅守单寡，束手环视，此法之弊。今当稍复藩镇之法，裂河南、江北数十州之地，付以兵权，俾蕃王室。较之弃地夷狄，岂不相远"①，并建议京畿东西、淮南、湖北等地"并分为镇，授诸将，以镇抚使为名。军兴，听便宜从事"②。尽管赵匡胤收藩镇之权在当时可谓"良法"，但现在形势变了，国家多难，帅守单寡，已不能有效抵御金的侵犯，与其弃地与金，不如给予地方兵权，"稍复藩镇之法"，这对于抗金是有利的。所谓"稍复藩镇之法"，即是将政、财、军分权于地方将帅，增强抗金实力。

季陵虽为范宗尹所荐，但在集权与分权问题上却与范宗尹相左。他说："今将帅拥兵自卫，浸成跋扈，苗刘窃发，勤王之师一至，凌轹官吏，莫敢谁何？此将帅之权太盛有以干阳也。"③认为金人累岁侵扰，灾异所来，"固不足怪"，唯将帅拥兵自重，权太盛而有威胁王权之嫌，并认为张浚"太专、忤旨"。他对高宗说："事有可深虑者四，尚可恃者一。大驾未有驻跸之地，贤人皆无经世之心，兵柄分而将不和，政权去而主益弱……今天下不可谓无兵，刘光世、韩世忠、张俊各招亡命以张军势，各效小劳以报主恩。然胜不相逊，败不相救，大敌一至，人自为谋耳……臣恐自陕以西不知有陛下矣。"④他以"兵权分，将帅不和"而主张集权，并以"功大盖主，不知有陛下"来动摇皇帝分权的意志。

---

① 《范宗尹传》，《宋史》卷三六二，中华书局1985年版，第11325页。
② 《范宗尹传》，《宋史》卷三六二，中华书局1985年版，第11325页。
③ 《季陵传》，《宋史》卷三七七，中华书局1985年版，第11646页。
④ 《季陵传》，《宋史》卷三七七，中华书局1985年版，第11647-11648页。

季陵反对分权的议论，恰合当时投降派秦桧企图削弱地方将帅抗金实力以求和的意愿。时值张俊攻克亳州、王胜克海州、岳飞克郾城、张浚战胜于长安、韩世忠胜于泇口镇、诸将所向皆奏捷的大好抗金形势下，秦桧主和贼心不死，力主诸将班师，而葬送抗金胜利果实。"桧欲尽收诸将兵权，给事中范同献策，桧纳之。密奏召三大将论功行赏，韩世忠、张俊并为枢密使，岳飞为副使，以宣抚司军隶枢密院。"①实乃削夺诸将的兵权，使之不能抗金。绍兴十一年（1141年），"兴岳飞之狱，桧使谏官万俟卨论其罪，张俊又诬飞旧将张宪谋反，于是飞及子云俱送大理寺……桧以飞屡言和议失计，且尝奏请定国本，俱与桧大异，必欲杀之。"②岳飞死狱中，子岳云及张宪杀于都市，"天下冤之，闻者流涕。"秦桧杀功臣，破坏抗金，而成为千古罪人，为后世所痛恨。这亦可谓为集权与分权所付出的血的代价。

二、集权与分权的融突和合

朱熹有鉴于集权与分权的冲突和紧张，思虑首务抗金的需要，必须加强地方将帅财权和兵权，需要一定程度的分权，发挥地方将帅的自主性、能动性；另外也须借鉴唐自安史之乱后藩镇割据的历史教训，以防地方将帅在掌握政、财、军权后拥兵自重。

朱熹融突而和合集权与分权，两者相待相关，相对互济。"或言：'今之守令亦善。'曰：'却无前代尾大不掉之患。只是州县之权太轻，卒有变故，更支撑不住'。"他的学生说，王安石为相时，"凡州郡兵财，皆括归朝廷，而州县益虚，所以后来之变，天下瓦解，由州郡无兵无

---

① 《秦桧传》，《宋史》卷四七三，中华书局1985年版，第13757-13758页。
② 《秦桧传》，《宋史》卷四七三，中华书局1985年版，第13758页。

财故也。"①州郡无兵无财，以致北宋灭亡。朱熹说，其实"只祖宗（赵匡胤）时，州郡已自轻了"②。譬如淮南盗破高郡，郡守晁仲约以郡无兵财，开城门犒盗使去。富弼欲诛郡守，范文正公说："州郡无兵无财，俾之将何捍拒，今守臣能权宜应变，以全一城之生灵，亦可矣，岂可反以为罪耶！"③连盗贼都不能防，何有抗金实力，州郡无兵无财，如此虚弱，分权实不可待了。

朱熹以自己守南康为例。"旧有千人禁军额，某到时才有二百人而已，然岁已自阙供给。本军每年有租米四万六千石，以三万九千来上供，所余者止七千石，仅能赡得三月之粮。三月之外，便用别擘画措置，如斛面、加粮之属。"④如若这样又尽，便向民间借支。高宗数次指挥下来，必欲招满千人。其实，招满千人不难，问题是没有钱粮，由此，朱熹依自身亲自体验，认为分权实有必要。

首先，关于政权。由于不重地方政权建设，"仁宗朝京西群盗横行破州屠县，无如之何"⑤，已无御盗之力。朱熹认为，应增强地方权力，整顿现有地方政权。"某尝说，不用许多监司。每路只置一人，复刺史之职，正其名曰按察使，令举刺州县官吏。其下却置判官数员以佐之，如转运判官、刑狱判官、农田判官之类。农田专主婚、田，转运专主财赋，刑狱专主盗贼，而刺史总之。稍重诸判官之权，资序视通判，而刺史视太守。"⑥刺史名为按察使，总管一路，有集权意蕴。另一方面为防"刺史之权独专"，"又须略重判官之权"。如果判官有事奏闻，刺史不肯发

---

① 《朱子语类》卷一○八，中华书局1986年版，第2681页。
② 《朱子语类》卷一○八，中华书局1986年版，第2681页。
③ 《朱子语类》卷一○八，中华书局1986年版，第2681—2682页。
④ 《朱子语类》卷一○八，中华书局1986年版，第2681页。
⑤ 《朱子语类》卷一○八，中华书局1986年版，第2680页。
⑥ 《朱子语类》卷一一二，中华书局1986年版，第2731页。

奏，允许"判官自径申御史台、尚书省，以分刺史之权"①。既集权又分权，两者互济互制，使政权得以健全运转。

其次，关于兵权。州郡无财无兵，是造成"天下瓦解"、北宋灭亡的原因之一。朱熹认为，兵权不能悉归中央集权，必须分权以改变州郡无兵的状况。"今州郡无兵无权，先王之制，内有六乡、六遂、都鄙之兵，外有方伯、连帅之兵，内外相维，缓急相制"②。内有禁军，外有州郡之兵，内外方可互相维持、相制。朱熹还认为，无兵无权，国家不保。兵权是国家的根本之一，"本强，则精神折冲；不强，则招殃致凶"③。强本即强军。至于强军之法，朱熹主张：一是"散京师之兵，却练诸郡之兵"④。分权以加强州郡兵的训练，提升兵的素质和战斗力。为此要"汰斥癖老衰弱，招补壮健，足可为用"⑤，兵不在多而在精，"今兵官愈多，兵愈不精"。⑥天下之兵虽有四五十万，皆属羸弱无用之人，不能作战。朱熹赞扬辛弃疾"颇谙晓兵事。云：兵老弱不汰可虑，向在湖南收茶寇，令统领拣人，要一可当十者，押得来便看不得，尽是老弱……为今之计，大段著拣汰"⑦。如果只说要淘汰冗兵，而不去实行，其后果必是凶险的。朱熹曾对张浚讲分兵杀敌之势计，但张浚说，"吾只受一方之命，此事恐不能主之"。⑧分权而不能集权，集权又不能分权，两者不能融突和合，而不能成大事，甚至错失良机。二是更戍法。"每年更戍趱

① 《朱子语类》卷一一二，中华书局1986年版，第2731页。
② 《朱子语类》卷一一〇，中华书局1986年版，第2705页。
③ 《朱子语类》卷一一〇，中华书局1986年版，第2705页。
④ 《朱子语类》卷一一〇，中华书局1986年版，第2707页。
⑤ 《朱子语类》卷一一〇，中华书局1986年版，第2705页。
⑥ 《朱子语类》卷一一〇，中华书局1986年版，第2706页。
⑦ 《朱子语类》卷一一〇，中华书局1986年版，第2705页。
⑧ 《朱子语类》卷一一〇，中华书局1986年版，第2706页。

去淮上卫边。谓如福建之兵趱去饶州，饶州之兵趱去衢信，衢信趱去行在，迤逦趱去淮上，今年如此，明年又趱去，则京师全无养兵之费，岂不大好。"①这样拣兵，可提升将兵素质和战斗力，并可淘汰冗兵。三是责令郡守注重练兵，以加强地方兵力。"大抵今日之患，又却在于主兵之员多。朝廷虽知其无用，姑存其名。日费国家之财，不可胜计，又刻剥士卒，使士卒困怨于下。若更不变而通之，则其害未艾也。"②朝廷虽知冗兵无用，却存其名，不仅费国家之财，而且又刻剥士卒。必须责成郡守，整顿军队，"使之练习士卒，修治器甲，筑固城垒，以为一方之守，岂不隐然有备而可畏"③。这是增强州郡兵权的重要措施，也是有备而抗金的有力保障。四是择将帅。朱熹既反对"宦官卖统军官职，是今日军政第一义"④，又反对任用那些"将官全无意思，只似人家骄子弟了。褒衣博带，谈道理，说诗书，写好字，事发遣。如此，何益于事"⑤。买军职得来的人和骄子弟等，既不懂军事，又不会指挥战争，用这样的人，只会坏事。朱熹主张选择将帅要在实践中见其能否，"兵以用而见其强弱，将以用而见其能否"⑥。这是择将帅的关键。"或问：'诸公论置二大帅以统诸路之帅，如何？'"即分权于二大帅。朱熹认为，统帅要归一，需要集权以统一指挥，否则就会干扰了其作战的意图和统一指挥的效能，甚至招致战争的失败。"不消如此。只是择得一个人了，君相便专意委任他，却使之自择参佐，事便归一。今若更置大帅以监临之，少间必有不相下之

①　《朱子语类》卷一一〇，中华书局1986年版，第2707页。
②　《朱子语类》卷一一〇，中华书局1986年版，第2707页。
③　《朱子语类》卷一一〇，中华书局1986年版，第2707页。
④　《朱子语类》卷一一〇，中华书局1986年版，第2710页。
⑤　《朱子语类》卷一一〇，中华书局1986年版，第2710页。
⑥　《朱子语类》卷一一〇，中华书局1986年版，第2710页。

意，徒然纷扰。"①

最后，关于财权。屯田以解财用不足之困。朱熹说："财用不足，皆起于养兵。十分、八分是养兵，其他用度，止在二分之中。"②养兵大多养的是无用之兵。唐朝时"兵在藩镇，朝廷无甚养兵之费。自本朝罢了藩镇，州郡之财已多归于上"③，州郡就无财养兵。为化解无财无兵的冲突，朱熹主张实行屯田之法，"兵民兼用，各自为屯。彼地沃衍，收谷必多。若做得成，敌人亦不敢窥伺。兵民得利既多，且耕且战，便是金城汤池。兵食既足，可省漕运，民力自苏"④。州郡之兵，兼负耕种、战斗任务，既解决了养兵无财，亦化解了战争无兵的问题。屯田也可以"分而屯之，统帅屯某州，总司屯某州，漕司屯某州，以户部尚书为屯田使，使各考其所屯之多少，以为殿最，则无不可行者"。⑤分屯以加强指导力度，由屯田使集中管理。朱熹认为，"迟之十年，其效必著。"⑥

由上可知，朱熹阐明了集权与分权的必要性与重要性，认为其价值目标在于强军强国，以抗金兵侵扰，以安百姓生命财产，以能收复失地。然而，朱熹集权与分权相兼、融突而和合的主张，南宋皇帝非但没有采用，反而一味以和议苟安临安，不图进取。

三、中国历史中的集权与分权

由朱熹集权与分权的思想可推致其源。中华民族从三皇五帝到夏商周三代，九州中国境内各民族形成"共识中国"的观念，形成了既集权又

---

① 《朱子语类》卷一一〇，中华书局1986年版，第2710-2711页。
② 《朱子语类》卷一一〇，中华书局1986年版，第2708页。
③ 《朱子语类》卷一一〇，中华书局1986年版，第2708页。
④ 《朱子语类》卷一一〇，中华书局1986年版，第2709页。
⑤ 《朱子语类》卷一一〇，中华书局1986年版，第2709-2710页。
⑥ 《朱子语类》卷一一〇，中华书局1986年版，第2709页。

分权的"联邦式"的中国。五帝之一的唐尧克明俊德，"协和万邦，黎民于变时雍。"蔡沈注："万邦，天下诸侯之国也。"①在尧的统摄下各邦族间做到和谐共处，加之《史记·五帝本纪》释"协和万邦"作"合和万国"，可见尧是作为"联邦式"的共主。夏桀不德，"诸侯多畔"，商汤修德，"诸侯皆归汤，汤遂率兵，以伐夏桀"②，夏国亡。商朝到纣时，政治腐败，纣好酒淫乐，诛杀大臣，引起诸侯国怨恨。"是时诸侯不期而会盟津者，八百诸侯。诸侯皆曰：纣可伐矣"。伐纣是各诸侯国的共识，而非周武王一人的专断，诸侯国会盟的形式，是"联邦式"的共商模式，在各诸侯国具有政、财、军权独立的分权情况下，会盟集中诸侯国各方的意见，取得有价值的共识并加以选择，以便以集权的形式贯彻执行。纣王死，"武王持大白旗以麾诸侯，诸侯毕拜武王。武王乃揖诸侯"。各诸侯毕从武王，推武王为共主。周王朝建立后，又进行分封，武王"封功臣谋士，而师尚父为首封，封尚父于营丘曰齐，弟周公旦于曲阜曰鲁，封召公奭于燕，封弟叔鲜于管，弟叔度于蔡，余各以次受封"。③周王朝以集权而"兼制天下，立七十一国，姬姓独居五十三人"④。即分权以分封诸侯，原有诸侯没有取消，又增诸侯国。从总体上说，周王朝是集权与分权相融合的联邦。

随着时间的推移，诸侯国的势力逐渐强大，作为维护联邦式的礼乐文化、道德行为规范遭到破坏。在"礼崩乐坏"的政治环境下，周王朝作为共主的宗主国的势力在削弱，其统摄力、权威力、影响力、认同力逐渐被边缘化，征伐不是天子出，而是诸侯出，甚至大夫出。各诸侯国为争夺

---

① 蔡沈：《书集传》，凤凰出版社2010年版，第1页。

② 《夏本纪》，《史记》卷二。

③ 《周本纪》，《史记》卷四。

④ 北京大学《荀子》注释组：《荀子新注·儒效》，中华书局1979年版，第87页。

霸主地位和扩大自己的地盘与利益，不断发动兼并战争，以至出现杀人盈野、白骨遍平原的悲惨凄凉的状况。在东周战国时依然有七大强国，所谓"战国七雄"。这时集权与分权的平衡被打破，东周王朝已经不能制约七雄。平衡的被打破，既加剧了兼并战争的速度和残酷性，也提升了人们期望统一、重建平衡、消除战争的努力。

秦国经变法改革，迅速崛起，消灭了东周，统一了六国，结束了集权与分权相融突而和合的"联邦式"政体，把一切权力集中于中央，建立了中央集权的国家。秦建国之初，曾经历一场集权与分权之争。秦始皇二十六年（公元前221年），丞相绾等建议"诸侯初破，燕齐荆地远，不为置王，毋以填之，请立诸子"①，这遭到廷尉李斯的反对。李斯说："周文王所封子弟同姓甚众，然后属疏远，相攻击如仇雠，诸侯更相诛伐，周天子弗能禁止。今海内赖陛下神灵一统，皆为郡县，诸子功臣，以公赋税重赏之甚足。易制，天下无异意，则安宁之术也，置诸侯不便。"②意思是分封诸侯的结果是同姓子弟相攻如仇敌，诸侯更相诛伐，所以建议以郡县制代替分封诸侯，以便天下一统集权。秦始皇同意李斯的意见，他说："天下共苦战斗不休，以有侯王。赖宗庙，天下初定，又复立国，是树兵也，而求其宁息，岂不难哉。廷尉议是。"③于是分天下为三十六郡。

秦始皇一统中国后，中国的政治体制、经济结构、典章文字、思维方式、价值观念都发生了巨大的变化。于是又展开了一场围绕郡县与分封话题的"集权与分权"的论争。秦始皇三十四年（公元前213年）置酒咸阳宫，仆射周青臣歌功颂德说："他时秦地不过千里，赖陛下神灵明圣，平

① 《秦始皇本纪》，《史记》卷六。
② 《秦始皇本纪》，《史记》卷六。
③ 《秦始皇本纪》，《史记》卷六。

定海内，放逐蛮夷，日月所照，莫不宾服，以诸侯为郡县，人人自安乐，无战争之患，传之万世，自上古不及陛下威德。"①秦始皇听了很高兴。博士齐人淳于越则持不同意见，他说："臣闻殷周之王千余岁，封子弟功臣，自为枝辅。今陛下有海内，而子弟为匹夫，卒有田常六卿之臣，无辅拂，何以相救哉？事不师古而能长久者，非所闻也。今青臣又面谀，以重陛下之过，非忠臣。"②于是，秦始皇请大家议论。

丞相李斯马上起来批判淳于越主张分封分权的言辞："五帝不相复，三代不相袭，各以治，非其相反，时变异也。今陛下创大业，建万世之功，固非愚儒所知，且越言乃三代之事，何足法也。异时诸侯并争，厚招游学，今天下已定，法令出一……今诸生不师今而学古，以非当世，惑乱黔首。"③意即：时代变了，三代分封诸侯不足法，淳于越等儒生以古非今，是惑乱百姓。李斯把师古与非今、郡县与分封、集权与分权完全对立起来，采取非此即彼的思维方法，把师古、分封、分权视为复古，认为其必非今、害今，惑乱黔首，破坏一统的社会秩序。其实淳于越的本意是为秦长治久安的社会秩序着想，如朝廷有子弟的辅佐，有危难则有子弟诸侯相助。可是李斯"昧死"以言："古者天下散乱，莫之能一，是以诸侯并作，语皆道古以害今，饰虚言以乱实，人善其所私学，以非上之所建立。今皇帝并有天下，别黑白而定一尊……夸主以为名，异取以为高，率群下以造谤，如此弗禁，则主势降乎上，党与成乎下，禁之便。"④李斯认为古代天下之所以动乱，是由于诸侯并作而不能统一。淳于越等道古害今，虚言乱实，造谤反对今所建立的统一的、集权的郡县制，即否定集权的

① 《秦始皇本纪》，《史记》卷六。
② 《秦始皇本纪》，《史记》卷六。
③ 《秦始皇本纪》，《史记》卷六。
④ 《秦始皇本纪》，《史记》卷六。

"一尊"，降低和损害了君主的权威。

由郡县与分封、分权与集权之争论，从而引起了"焚书坑儒"的惨剧。李斯建议："臣请史官非秦记皆烧之，非博士官所职，天下敢有藏《诗》、《书》、百家语者，悉诣守尉杂烧之，有敢偶语《诗》、《书》者，弃市，以古非今者族。吏见知不举者，与同罪。令下三十日不烧，黥为城旦。"[①]要焚烧民间所存的《诗》《书》和百家语；对敢于偶然讲《诗》《书》的人，处以斩首；对以古非今者诛家族，官吏知而不检举的同罪。可以说，秦国自商鞅变法后，其法律是非常严酷的，没有人不敢不执行，是一次对中华民族文化的浩劫。

秦始皇之所以名始皇，是想传至"二世、三世至于万世，传之无穷"[②]。但他没想到仅传到二世，秦就灭亡了。强秦的速亡，给汉初思想家留下的反思空间巨大，陆贾、贾谊等均列其中。鉴于秦单一集权而无"枝辅"的教训，刘邦采取集权与分权、郡县与分封相结合的政体。他下诏说："齐，古之建国也，今为郡县，其复以为诸侯"[③]，并封功臣二十余人；并下诏说要"与天下之豪士贤大夫共定天下，同安辑之。其有功者上致之王，次为列侯，下乃食邑。而重臣之亲，或为列侯，皆令自置吏，得赋敛，女子公主"[④]。改集权的郡县制为分权的诸侯，诸侯拥有独立的人权、财权以至军权。刘邦以为如此便可使天下太平："前日天下大乱，兵革并起，万民苦殃，朕亲被坚执锐，自帅士卒，犯危难，平暴乱，立诸侯，偃兵息民，天下大安。"[⑤]但从历史的实际而言，立诸侯的结果，也带来诸侯不断的反叛和社会的动乱。随着诸侯王势力的坐大，直接威胁到

① 《秦始皇本纪》，《史记》卷六。
② 《秦始皇本纪》，《史记》卷六。
③ 《高帝纪》，《汉书》卷一下，中华书局1962年版，第60页。
④ 《高帝纪》，《汉书》卷一下，中华书局1962年版，第78页。
⑤ 《高帝纪》，《汉书》卷一下，中华书局1962年版，第62页。

汉王朝的中央集权，晁错为了汉王朝长治久安而主张削藩，"错又言宜削诸侯事"[1]，但遭到一些大臣的反对。晁错的父亲听说后，从颍川赶来，劝晁错不要讲"诸侯之罪过，削其支郡"。但晁错坚持说："不如此，天子不尊，宗庙不安。"[2]其父说："刘氏安矣，而晁氏危。"言毕即饮药自杀。于是，吴王濞、胶西王卬、楚王戊、赵王遂、济南王辟光、菑川王贤、胶东王雄渠七国借诛晁错为名，举兵反。[3]汉景帝虽无奈处死晁错，但并未能制止七王之乱。如此，又为集权与分权付出血的代价。后有邓先对景帝说：七王以诛错为名，其意不在晁错。"夫晁错患诸侯彊大不可制，故请削之，以尊京师，万世之利也。计画始行，卒受大戮，内杜忠臣之口，外为诸侯报仇，臣窃为陛下不取也。"[4]"景帝喟然长息，曰：'公言善，吾亦恨之'"[5]。

分封与郡县、集权与分权，孰为利？孰为弊？柳宗元从历史趋势的观点进行了总结，认为事物的发生和政治制度的出现，有社会的必然趋势。分封诸侯，"圣王尧、舜、禹、汤、文、武而莫能去之。盖非不欲去之也，势不可也"[6]，只能因势定制。周有天下，裂土田而瓜分，分封的结果是徒有空名于诸侯之上，诸侯强盛，尾大不掉，以致周的灭亡。柳宗元认为，"秦有天下，裂都会而为之郡邑，废侯卫而为之守宰，据天下之雄图，都六合之上游，摄制四海，运于掌握之内，此其所以为得也。"[7]他赞成郡县集权，认为秦的速亡咎在人怨，不在郡县。汉矫秦弊而继承周的

① 《晁错传》，《汉书》卷四九，中华书局1962年版，第2299页。
② 《晁错传》，《汉书》卷四九，中华书局1962年版，第2300页。
③ 《景帝纪》，《汉书》卷五，中华书局1962年版，第142页。
④ 《晁错传》，《汉书》卷四九，中华书局1962年版，第2302页。
⑤ 《晁错传》，《汉书》卷四九，中华书局1962年版，第2302页。
⑥ 〔唐〕柳宗元：《封建论》，《柳宗元集》卷三，中华书局1979年版，第70页。
⑦ 〔唐〕柳宗元：《封建论》，《柳宗元集》卷三，中华书局1979年版，第71页。

分封，"有叛国而无叛郡，秦制之得，亦以明矣"①。尽管汉初郡县与分封并行，但如朱熹说："贾谊于汉言'众建诸侯而少其力'。其后主父偃窃其说，用之于武帝。"②主父偃建议，允许各诸侯国把封地再分封给宗族子弟，以分离、削弱诸侯国的势力，使其无实力与中央集权抗衡。由此说明郡县集权符合时势发展的趋势。

朱熹从集权与分权、郡县与分封相融合的观点出发，认为"柳子厚《封建论》则全以封建为非，胡明仲辈破其说，则专以封建为是。要之，天下制度，无全利而无害底道理，但看利害分数如何"③。两者或"全以"、或"专以"，以其一为是或为非，是一种非此即彼的思维。其实每一种制度都有其利与害，只是利害分数的多寡而已。虽分封根本较牢固，国家可恃，"但今日恐难下手。设使强做得成，亦恐意外另生弊病……此亦难行，使膏梁之子弟不学而居士民上，其为害岂有涯哉！"④到晋时，"诸王各使之典大藩，总强兵，相屠相戮，驯致大乱。"⑤可见"专以"封建的分权为是，这是片面的。另外，朱熹认为，"全以"郡县为得亦有片面性。"郡县则截然易制，然来来去去，无长久之意，不可恃以为固也……靖康间州县亦有守令要守，而吏民皆散去，无复可恃。然其弊亦不胜其多。"⑥只有把郡县与分封、集权与分权互相协调，融突而和合，才能化解两者的弊端。

朱熹认为化解此两者弊端的"原头"在得人。他说："大抵立法必

---

① 〔唐〕柳宗元：《封建论》，《柳宗元集》卷三，中华书局1979年版，第72页。
② 黎靖德编：《朱子语类》卷一一〇，中华书局1986年版，第2680页。
③ 黎靖德编：《朱子语类》卷一一〇，中华书局1986年版，第2680页。
④ 黎靖德编：《朱子语类》卷一一〇，中华书局1986年版，第2681页。
⑤ 黎靖德编：《朱子语类》卷一一〇，中华书局1986年版，第2680页。
⑥ 黎靖德编：《朱子语类》卷一一〇，中华书局1986年版，第2680页。

有弊，未有无弊之法，其要只在得人。"①如果是个贤良的人才，法虽不善，也能做成好事；若不是个贤良的人，法虽善，亦无益于事。因为法和制度是由人去实施的，人的主动性、创造性可以改变法与制度的实际效果。

四、从朱熹看现代政治的集权与分权

由朱熹集权与分权的思想而推致其流，可以反思现代社会。纵观现代政治制度，基本上有五种模式：一是"全以"集权为体；二是"专以"分权为体；三是以集权为体，分权为用；四是以分权为体，集权为用；五是集权与分权互体互用，相互协调，融突和合。据此，姑妄言之。

从"'全以'集权为体"的模式观之，有以父子相承的世袭形式与政治价值信仰的意识形态相结合的集权政治形态，有以对领袖的主体思想的崇拜以维护其集权为体的模式，以及以世袭王权与一定宗教信仰相融合的政教合一的集权为体的模式。在这种政治体制下，一切军权、政权、财权、人事权、外交权归一于中央集权，地方无权。

从"'专以'分权为体"的模式观之，有早期的英联邦模式，各加入英联邦的成员国在政权、军权、财权、人事权、外交权上都是独立的，英联邦的宗主国不得干涉；但在国家安全的防卫、保卫英联邦国家不受侵略上则有共同的责任和义务，宗主国可以发挥其作用，协调各英联邦国家之间的关系。

从"集权为体、分权为用"的模式来看，有多党制和民选的形式。这种模式似乎分权于各政党与选民，但能够当选的人均必有一定的政治背景、经济背景、出身背景等，一般的民众根本没有资格和可能当选。当选

---

① 黎靖德编：《朱子语类》卷一一〇，中华书局1986年版，第2678页。

者基本上都属于一定的党派，体现该党派所代表的一定阶级、阶层的利益。最后通过竞选的形式，多党化约并集中于两党，两党再集中于一党。在一党独大的情况下，它可以联合其他某些小党，并把自己的意志强加于联合执政的小党。大党产生的最高领导（如总统）掌握该国军权、财权、政权、人事权、外交权及最终的裁决权。尽管在野的反对党有反对意向，但最终集权于总统。这一民主形式是手段，是"用"，是非"体"。"用"为"体"所用，是"体"的修饰和门面。以集权为"体"的一党，可以长期执政，或两党轮流执政。他们甚至要把"集权为体、分权为用"的模式推向世界，其表现的形式是霸权主义、单边主义；充当"世界警察"，监视监听别国的民众和领袖；并试图将自己的价值观强加给别人、别国、别民族。可称谓为价值霸权主义或价值集权主义。他们把这种"集权为体、分权为用"的模式说成是符合人类共同利益的制度形态，以建构其超民族国家利益的"天下体系"；甚至不顾民族国家的社会实际、宗教信仰、价值观念而强行推致，最终结果导致地区紧张、冲突和动乱。

从"分权为体、集权为用"的模式来看，在经济全球化、科技一体化、网络普及化、地球村落化的情境下，逐渐形成了各种全球共同体，如各种经合组织共同体、政治组织共同体及各种联盟共同体。一方面，全球化使各民族国家的共同利益逐渐增多，形成你中有我、我中有你的利益融合形式命运共同体；另一方面，也给各民族国家的价值利益机制和价值规则关系带来了紧张和冲突。（1）从经济共同体来说，虽然各民族国家社会经济体是独立的、分权的体制，但全球化孕育出一些跨民族国家的体制形式或管理实体，如WTO（世界贸易组织）。各民族国家在加入WTO的谈判过程中，必须服从、遵照WTO所规定的规章、规则和制度。这就是说，为了符合和遵从WTO集权的利益，各民族国家要依据WTO的规章、规则和制度修改自己原有的规章、规则和制度，即要牺牲掉分权时原有的一些利益。（2）从政治利益共同体来看，尽管各民族国家依然是全球共同体社会的独立的主体，但亦可以自愿的形式加入新的国际政治利益实体或组织，如欧盟。乌尔里希·贝克说，欧盟"依我们之见，它的统治秩序的核心就在于，它告别了过时的、僵化的国家观念，发展出一种可供选择的关于国家、社会和社会结构的新构想，从而克服了欧洲研究中方法论民族主义的偏向"[①]。这种新构想，既是对欧洲民族主义的克服，也是对各民族国家以自己民族国家为主体的主权观念的挑战。在这种新的政治利益实体或组织结构中，成员国分权的利益和自我权力主体，在一定程度上必须克服民族中心主义，而让位于共同体政治实体或组织，构成了以分权为体、集权为用的模式。随着全球化的深入发展，超民族国家的公共利益的联系越来越紧密、越来越扩大，就越来越需要一种新的公共组织或机构去协调、平衡和处置，以取得融突而和合的发展。

从"集权与分权互体互用、相互协调、融突和合"的模式来看，全球化把各民族国家及其民众均捆绑在一起，人类共同面临着五大危机与挑战：人与自然的冲突造成了生态危机；人与社会的冲突（如战争、动乱、贫富不均）造成了社会和人文危机；人与人的冲突带来了道德危机；人的心灵的冲突带来了精神和信仰危机；文明之间的冲突造成了价值危机。面对这些冲突和危机，任何一个民族国家都不可能置身事外。应对如此全球性的冲突和危机，单个民族国家是无法也没有能力来化解的，这就要求有度越民族国家的一种新的国际组织或机构来担负职责，它的活动范围不受国界和地域的限制，而需考虑特定地区大众的诉求；这对于某一地区的大众来说，效忠于主权民族国家的意识转换为寄托于度越民族国家的国际组织或机构。这就是集权与分权在另一种形态上"体"与"用"的相互

---

① ［德］乌尔里希·贝克、埃德加·格兰德：《世界主义的欧洲：第二次现代性的社会与政治》，章国锋译，华东师范大学出版社2008年版，第72页。

转换。

对于各民族国家来说，虽然被纳入到某一国际组织，但并没有丧失其主权；既然被纳入某一国际组织和机构，各民族国家便要意识到需要共同面对冲突和危机，需要相互合作、共同行动，以维护共同的利益，而"不是只专注于各自的国家利益，更不应以不合作的方式追求自身利益"①。这就是说，各民族国家不能以自身分权的利益而损害整体国际集权的利益。当前，联合国仍然担负着维护全球秩序的任务，应对着一些超民族国家的事件，处置着有关全球利益的问题；它的缺陷就在于成员国的国家利益与超国家的国际利益发生冲突时，往往便陷于困境或不决，而不能发挥其超越民族国家、维护全球公正与正义的效能。只有使集权与分权互为体用、相互协调、融突而和合发展，才可构建一种新的政治制度模式。我们期盼一种通达人和天和、人乐天乐、天地人共和乐的和合世界。

上述五种集权与分权模式，影响着全球人的日常生活，关系到各民族国家之间的和平、安全、发展和合作，涉及各民族国家国际组织和机构在公平、正义原则下共赢开展工作。

邓小平曾针对中国的问题，对集权与分权问题作过论述。他说："权力过分集中的现象，就是在加强党的一元化领导的口号下，不适当地、不加分析地把一切权力集中于党委，党委的权力又往往集中于几个书记，特别是集中于第一书记，什么事都要第一书记挂帅、拍板。党的一元化领导，往往因此而变成个人领导。全国各级都不同程度地存在这个问题。权力过分集中于个人或少数人手里，多数办事的人无权决定，少数有权的人负担过重，必然造成官僚主义，必然要犯各种错误，必然要损害各级党和政府的民主生活、集体领导、民主集中制、个人分工负责制等等。"他还

---

① ［日］入江昭：《全球共同体》，刘青、颜子龙、李静阁译，社会科学文献出版社2009年版，第13页。

说："革命队伍内的家长制作风，除了使个人高度集权以外，还使个人凌驾于组织之上，组织成为个人的工具……不少地方和单位，都有家长式的人物，他们的权力不受限制，别人都要唯命是从，甚至形成对他们的人身依附关系……不论是担任领导工作的党员，或者是普通党员，都应以平等态度互相对待，都平等地享有一切应当享有的权利，履行一切应当履行的义务。"[①]

邓小平对产生集权的社会与思想根源作了深刻的批判，对党内的集权的危害作了透彻的分析，厘清了集权与分权的关系，指出了如何克服集权的措施和方法，说明了分权应有的正确态度和责任义务。邓小平关于集权与分权的论述，对当前仍具有重要的理论价值和理论意义。

中国改革开放以来，各方面取得了辉煌的成就，举世瞩目；但同时也不可避免地出现了诸多问题，这些问题归根结底都与集权、分权有关。关于集权、分权的论争，一直是政治领域中重要的议题，正确处理集权与分权的关系，化解两者间的融突，实现两者的和合，关系到中国人民的切身利益，关系到中华民族的复兴和未来的发展，因此是当前值得我们深刻反思、深入研究的课题。

---

① 《邓小平文选》（一九七五——一九八二年），人民出版社1983年版，第288-291页。

第七章　道家与谦逊之德

中国古代推崇谦逊、讨论谦逊的文字极为丰富，然而，从理论上全面论述谦逊的重要性、必要性，就深度、广度、高度而言，没有一家可以和道家相比。道家关于谦逊的认识是基于整体性、平等性、关联性的视野展开的，不是零碎的、偶然的思考。如果用一个字来形容道家生活之道，那么"谦"字最为合适。道家最为重视的生长、创造、活力、稳定、平和可以说都是"谦"的产物。通过主体对于谦逊之道的积极运用，从而使自己永远处于最佳的状态，保持最强的创造性和生命力，这是道家贡献给全人类的、历久而弥新的智慧。

中国人自古以来有推崇谦逊的传统，例如《逸周书·官人》云："少言以行，恭俭以让，有知而言弗发，有施而□弗德，曰谦良者也。"①《尚书·大禹谟》将"满招损，谦受益"②视为天道。而《周易》的谦卦更是六十四卦中最美好的卦，没有任何缺陷，这种地位在六十四卦中是绝无仅有的。《谦·彖》云："谦，亨。天道下济而光明，地道卑而上行。天道亏盈而益谦，地道变盈而流谦，鬼神害盈而福谦，人道恶盈而好谦。谦，尊而光，卑而不可踰，君子之终也。"③这是将"谦"视为天道、地道、鬼神以及人道共有的美德。即天地鬼神都以各种方式憎恶盈满，喜爱谦虚，人间的君子也是如此，最为谦卑的人，才是最为尊贵的、光明的、

---

① 黄怀信等撰：《逸周书汇校集注》，上海古籍出版社2007年版，第788页。
② 孔颖达：《尚书正义》，阮刻《十三经注疏》，艺文印书馆1965年版，第58页。
③ 孔颖达：《周易正义》，阮刻《十三经注疏》，艺文印书馆1965年版，第47页。

无法超越的。其实，《易传》的中心话题就是在论述如何处于最佳的生存状态，而使自己不会处于危亡的境地，谦逊恰恰是保持最佳状态的最佳姿势。《荀子·宥坐》也一样，这篇文章中，荀子借助孔子议论宥坐之器的故事，阐述了"虚则欹、中则正、满则覆"的道理。最后总结出所谓"持满有道"的哲理，即"聪明圣知，守之以愚；功被天下，守之以让；勇力抚世，守之以怯；富有四海，守之以谦。此所谓挹而损之之道也"①。

《韩诗外传》卷三以下内容把《易传》论谦与《荀子·宥坐》论谦结合了起来。"吾闻德行宽裕，守之以恭者，荣。土地广大，守之以俭者，安。禄位尊盛，守之以卑者，贵。人众兵强，守之以畏者，胜。聪明睿智，守之以愚者，善。博闻强记，守之以浅者，智。夫此六者，皆谦德也。夫贵为天子，富有四海，由此德也。不谦而失天下，亡其身者，桀纣是也，可不慎欤。故《易》有一道，大足以守天下，中足以守其国家，近足以守其身，谦之谓也。夫天道亏盈而益谦，地道变盈而流谦，鬼神害盈而福谦，人道恶盈而好谦。是以衣成则必缺衽，宫成则必缺隅，屋成则必加措，示不成者，天道然也。"②《韩诗外传》卷八有类似内容。

道家重视谦逊，或者说谦逊就是道家的生活之道，这似乎是不言而喻的事情，不需要做太多的说明。在道家，"谦"不仅是一种美德，更是一种良好的生活方式、一种有效的处世手段、一种更高的思想境界。然而，道家的谦逊和儒家等其他各家的谦逊有何不同；道家为何重视谦逊；道家如何论述谦逊；道家如何实践谦逊。这里面蕴含着深厚的哲理，有必要做出学理上的探讨，对此问题进行系统的论述，将不仅有助于对传统道家义理、价值、意义的抉发，也有助于使道家文明在新的时代发挥出更强的生命力。遗憾的是，以往的研究虽然提及道家这个方面或那个方面与谦逊有

---

① 王先谦：《荀子集解》，中华书局1988年版，第520页。
② 屈守元笺疏：《韩诗外传笺疏》，巴蜀书社1996年版，第318—319页。

关，但都十分零散或流于表面。下面，笔者从整体性、平等性、关联性三个方面，就此问题展开讨论。

一、整体性视野下的谦逊

道家论述谦逊，虽然也视其为美德，但并不局限于人际关系的范围，仅仅将其视为一种伦理意义上的品性，而是放在道论中，在整体的、全局的世界观视野下，将"谦"看作是"道"之作用的体现，看作是与"道"相配合的最佳的存在方式。

道家的世界观，可以用"道生万物""道物二分"来形容。这表明，在道家眼中，包括宇宙万物在内的世界可以划分为两个部分，即形而上的本体的"道"和形而下的现象的"物"。"道"具有不同于万物的根本性特征，这些特征使"道"成为万物存在与运动的总根源、总依据、总动力，使"道"成为绝对的原理和永恒的存在。本体世界是独立的、绝对的、永恒的、无限的、不依赖于现象世界的存在。相反，现象世界则是有待的、有限的、依赖于本体世界才能得以产生、存在和运行。按照这一逻辑展开，事实上"道"与"物"之间的关系，就成为一种主宰与被主宰、本与末、一与多、统一与分散、整体与个体的关系。"道"是使所有"万物"存在、运动、变化的主宰者，"万物"则仅是因"道"而得以存在、得以运动、得以变化的被主宰者。与"道""物"关系相对应，在人间，则表现为作为"执道者"之代表"圣人"和"百姓"的主次本末关系。

在韩非子和一些黄老道家那里，这种理论构造确实可以为"一君万民"的君主专制体制服务。然而，有趣的是，这种理论构造却同时为谦逊的观念提供了理论的保障。就是说，道和万物之间、圣人和百姓之间虽然属于主次本末关系，使得万物和百姓不得不依附于道和圣人，然而，《老子》的重点却不在于此，《老子》要突出强调的是，道和圣人从不以生成者、主宰者自居，竭力要把对万物和百姓的控制和影响降到最低点，让万物让百姓获得最大的生存空间、获得自由自在的生活可能，形成无拘无束、生机勃勃的生动局面、和谐景象，这正是老子所要追求的最高理想。《老子》全文，反反复复地谈论这个问题，而这个问题，又可以归结为"无为"和"玄德"两大命题。所谓"无为"不是什么也不做（当然在特定条件下，什么也不做也有其积极的意义），消极而言是说统治者要学会做"减法"，中止、减少胡为妄为导致的损失，从而恢复统治者的威望和人民的信心。积极而言是说不伤害万物和百姓的"自然"，从而最大限度地照顾到所有万物和百姓之利益，让所有万物和百姓都获得蓬勃的生机。极端而言，这种追求甚至到了"天地不仁""圣人不仁""天地无亲"的绝情境地。由这种"无为"所体现出来的品性，就是"玄德"。"玄德"在《老子》中多次出现，甚至在惜墨如金的五千言中多次反复，那就是"生而不有、为而不恃、长而不宰"[1]。道和圣人虽然生养万物却不据为己有，推动万物却不居功自傲，统领万物却不加以宰制，使万物得以自然而然地成就自我。在人间，通过圣人"玄德"的作用，百姓自身的意志、动力、主动性、创造性，得到最大程度的激发，能够放开手脚，自己做自己的主人，自觉自愿、自发自动地建功立业，并陶醉在自己的成功中，却不认为自己的成功和圣人有什么关系。这就是所谓的"功成事遂，百姓皆谓我自然"（17章）[2]；"太上，下知有之。其次，亲而誉之。其次，畏之。其次，侮之"（17章）[3]，老子心目中的圣人，不是那种劳心焦神、鞠躬尽瘁，通过各种强制手段将百姓引上某条"正路"的人，而只是一个辅助者，一个引导者。最好的统治者，下面的人仅仅知道他的存在；差一

---

① 楼宇烈校释：《王弼集校释》，中华书局1980年版，第137页。
② 楼宇烈校释：《王弼集校释》，中华书局1980年版，第41页。
③ 楼宇烈校释：《王弼集校释》，中华书局1980年版，第40页。

级的统治者，下面的人亲近他、歌颂他；再差一级的统治者，下面的人怕他；更差一级的统治者，下面的人蔑视他。也就是说，越往下，统治者对百姓的控制力越强，但效果却越差。

《老子》整本书都在围绕"无为"和"玄德"做文章。而"无为"和"玄德"的精神实质正是谦逊。例如，老子讲"守雌"，"知其雄，守其雌，为天下溪。"①（28章）希望世人不要一味示强，因为雄强代表更早更快地走向极点。通过"雌"所代表的柔和、让步、宽容、慈爱来慑服人心。所以61章将大国比作"天下之牝"，希望大国在天下中扮演女性的角色。

老子讲"处下"。66章说："江海所以能为百谷王者，以其善下之，故能为百谷王。是以欲上民，必以言下之；欲先民，必以身后之。是以圣人处上而民不重，处前而民不害。是以天下乐推而不厌。"②老子以江海成为河流之王为比喻，指出要想统治人民，必须首先在语言上对人民表示谦恭，同时把自己的利益放到人民的后面，让人民不感到重压，不感到妨害，这样人民才会推戴你。就国际关系而言，老子希望大国和小国都能够以谦逊示人，但大国尤其要表示谦恭。这就是61章说的"大国者下流，天下之交，天下之牝。牝常以静胜牡，以静为下。故大国以下小国，则取小国。小国以下大国，则取大国。故或下以取，或下而取。大国不过欲兼畜人，小国不过欲入事人，夫两者各得其所欲，大者宜为下"③，意思是大国要像江河那样居于下流，居于天下交集、归附之处。在天下中扮演女性的角色，雌性之所以能制服雄性，就因为是安静的、谦下的。所以如果大

---

① 楼宇烈校释：《王弼集校释》，中华书局1980年版，第74页。
② 楼宇烈校释：《王弼集校释》，中华书局1980年版，第170页。
③ 楼宇烈校释：《王弼集校释》，中华书局1980年版，第159-160页。"则取大国"，当从马王堆帛书本和北大汉简本作"则取于大国"。

国对小国表示谦下姿态，就可取得小国归附。小国对大国表示谦下姿态，就可取得大国的信任和见容。有时是大国谦下使小国归附，有时是小国谦下使大国宽容。这其中，大国尤其应该注意谦下。

老子讲"自卑"。越是地位高的人越是要纡尊降贵，忍辱负重，经得起委屈，经得起卑辱，所以78章说："受国之垢，是谓社稷主。受国不祥，是为天下王。"[①]39章说："故贵以贱为本，高以下为基。是以侯王自谓孤、寡、不谷。此非以贱为本邪？"[②]君王自称"孤""寡""不谷"，正是以贱为本的体现。[③]4章和56章说"挫其锐，解其纷，和其光，同其尘"[④]，就是希望统治者收敛锋芒、韬光养晦、低调做事、谨慎做人。13章的"何谓宠辱若惊？宠，为下得之若惊，失之若惊，是谓宠辱若惊"[⑤]则指出，只有能够做到谦卑者，才有可能看淡一切，宠辱不惊。

老子讲"不争"。《老子》书中多次使用"不争"这个词汇，例如"上善若水，水善利万物而不争"[⑥]（8章），意为最高的善如水一般，善于帮助万物，却不与万物争胜。"天之道，不争而善胜"[⑦]（73章），天之道不争胜却善于取胜。"天之道，利而不害。圣人之道，为而不争"[⑧]（81章），这是说天道利人而不害人，圣人之道，虽有所为，但

---

① 楼宇烈校释：《王弼集校释》，中华书局1980年版，第188页。
② 楼宇烈校释：《王弼集校释》，中华书局1980年版，第106页。
③ 《淮南子》《列子》等道家类的书籍记载了孙叔敖三上三下的故事，孙叔敖"吾爵益高，吾志益下；吾官益大，吾心益小；吾禄益厚，吾施益博"的表态（见何宁：《淮南子集解》，中华书局1998年版，第870页），正体现着"贵以贱为本，高以下为基"的精神；其次，"三得相而不喜""三去相而不悔"的处世风格，和低调做事、谨慎做人、看淡一切、宠辱不惊的老子教诲完全一致。
④ 楼宇烈校释：《王弼集校释》，中华书局1980年版，第10、148页。
⑤ 楼宇烈校释：《王弼集校释》，中华书局1980年版，第29页。
⑥ 楼宇烈校释：《王弼集校释》，中华书局1980年版，第20页。
⑦ 楼宇烈校释：《王弼集校释》，中华书局1980年版，第182页。
⑧ 楼宇烈校释：《王弼集校释》，中华书局1980年版，第192页。

谦卑不争。老子"三宝"（67章）的实质也是"不争"，"三宝"就是"慈"，即宽容、爱护；"俭"，即吝惜、节约；"不敢为天下先"[1]，即谦下和不争。因为慈爱，故能勇敢。因为节俭，故能广大。因为谦下不争，故能成为天下领袖。相反，舍弃慈爱而求勇敢，舍弃节俭而求广大，舍弃退让而求争先，这是死路一条。"不争"的极致，乃是"报怨以德"（63章）[2]。因为，"报怨以德"，虽然包含着难以忍受的委屈和让步，但比起怨怨相报，仍然是明智的选择。

老子讲"虚无"，"虚"和"无"归根结底也和谦逊之道相联。老子用山谷、大海、风箱、乐管乃至生殖器官来形容"道"的作用，因为这些存在都具有空虚、不盈的特征，首先，"有"是以"无"为前提的，是因为"无"空虚、不盈，具备无限的、神妙的、创造性的功能，才有可能主动地、谦虚地，可以接受各种各样的可能性，代表了未来和希望，而"有"则代表的是有限、既定、既成、现实、规范、堵塞、窒息，所以老子希望人类永远处在"虚无"的境界。其次，从认识的角度看，"虚无"是一种包容、接受的心态，竭力不要让对象失去本然，从而更好地让对象呈现自身。在具体的政治情境中，则表现为"因循"和"自然"的理论。这种理论在《管子》四篇中得到最大程度的发挥，其经典表述就是《管子·心术上》："因也者，舍己而以物为法者也。"[3]其经典表述可举《庄子·应帝王》："至人之用心若镜，不将不迎，应而不藏，故能胜物而不伤。"[4]《淮南子·原道》："所谓无治者，不易自然也。所谓无不治者，因物之相然也。"[5]

---

① 楼宇烈校释：《王弼集校释》，中华书局1980年版，第170页。

② 楼宇烈校释：《王弼集校释》，中华书局1980年版，第164页。

③ 陈鼓应：《管子四篇诠释》，商务印书馆2006年版，第164页。

④ 郭庆藩：《庄子集解》，中华书局1961年版，第307页。

⑤ 何宁：《淮南子集解》，中华书局1998年版，第48页。

总之，老子在五千言中，通过"无为"和"玄德"，通过将"无为"和"玄德"体现出来"守雌""处下""自卑""虚无""不争"等行为方式，反复强调了在道家世界观的道物关系、圣人百姓关系中，主宰一方克制、让步的重要性，而这种克制、让步的精神完全可以用谦逊来形容。所以，这是一种整体性视野下被全面表述的谦逊观，而不是偶尔的、零碎的提及。《庄子·天下》在描述关尹、老聃时作了这样的描述："关尹、老聃闻其风而悦之。建之以常无有，主之以太一，以濡弱谦下为表，以空虚不毁万物为实。"①"濡弱谦下"是其表征，而"空虚不毁万物"则为其理想和目标。《庄子·天下》所选取的老聃的语录、所总结的精神也全部都与谦逊相关，"老聃曰：'知其雄，守其雌，为天下溪。知其白，守其辱，为天下谷。'人皆取先，己独取后。曰受天下之垢。人皆取实，己独取虚。无藏也故有余。岿然而有余。其行身也，徐而不费，无为也而笑巧。人皆求福，己独曲全，曰苟免于咎。以深为根，以约为纪。曰坚则毁矣，锐则挫矣。常宽容于物，不削于人。可谓至极。"②可以说，庄子将老聃"常宽容于物，不削于人"的谦逊精神视作了"至极"的境界。《老子》全篇虽然不着一个"谦"字，但后世的诠释却往往从"谦"字入手，例如河上公本《老子》就多用"谦"来命名各章，称22章为"益谦"，称61章为"谦德"，解释第四章"道冲而用之，或不盈"为"道常谦虚不盈满"③。

二、平等性视野下的谦逊

道家认为，虽然万物千姿百态、千差万别，但在作为终极根源、终极依据的道面前，万物都来自于"道"，都有其存在的合理性，因而也都是

---

① 郭庆藩：《庄子集解》，中华书局1961年版，第1093页。

② 郭庆藩：《庄子集解》，中华书局1961年版，第1095页。

③ 王卡点校：《老子道德经河上公章句》，中华书局1993年版，第14页。

平等的，没有什么孰高孰低、孰贵孰贱。所以《老子》27章说："是以圣人常善救人，故无弃人。常善救物，故无弃物。是谓袭明。故善人者，不善人之师。不善人者，善人之资。不贵其师，不爱其资，虽智大迷。是谓要妙。"①

与绝对的、无限的、无待的"道"不同，万物一定是相对的、有限的、有待的、"不该不遍"（《庄子·天下》）的。如《老子》2章所言："天下皆知美之为美，斯恶已；皆知善之为善，斯不善已。故有无相生，难易相成，长短相较，高下相倾，音声相和，前后相随。"②万物的世界由美与丑、善与恶、有与无、难与易、长与短、上与下、强与弱、阴与阳、刚与柔、男与女等等无穷的相互对立、相互依赖的因素所构成。人虽然是万物之精灵，但归根结底属于万物之列，因此也就不可能不受到"物"所持有之性质的局限。在认识自然世界和人类世界，从事各种事实判断与价值判断时，不可能不受特定时空、特定位置的限制，秉持特定的立场、形成特定的好恶。因此，必然造成自以为是、相互排斥的狭隘视野。这种局限，可以从两个方面加以概括，即"以己为中心"和"以人为中心"。"以己为中心"表现为人类习惯以高低、好坏、优劣来品评他人和事物，时刻以主观的标准为他人和事物打分，在自觉与不自觉中体现出自以为是的心理。"以人为中心"则表现为人与自然的关系中，以居高临下的姿态对待万物，认为万物不过是为人类服务的、是不值得尊重的。

对于人的这种局限，庄子的认识最为清醒，他在《养生主》中说："吾生也有涯，而知也无涯。以有涯随无涯，殆已。"③同时在《秋

---

① 楼宇烈校释：《王弼集校释》，中华书局1980年版，第71-72页。

② 楼宇烈校释：《王弼集校释》，中华书局1980年版，第6页。

③ 郭庆藩：《庄子集解》，中华书局1961年版，第115页。《列子·周穆王》说"变化之极，徐疾之间，可尽模哉。"（见杨伯峻：《列子集释》，中华书局1979年版，第94页）是同样强烈的感叹。

水》中，他以夸张的口气描述了人的渺小与局限有如"小石小木之在大山""礨空之在大泽""稊米之在大仓""豪末之在于马体"：

吾在于天地之间，犹小石小木之在大山也，方存乎见少，又奚以自多！计四海之在天地之间也，不似礨空之在大泽乎？计中国之在海内，不似稊米之在大仓乎？号物之数谓之万，人处一焉；人卒九州，谷食之所生，舟车之所通，人处一焉；此其比万物也，不似豪末之在于马体乎？[①]

所以人所要做的第一件事，是清醒地认识到人的渺小和局限，第二件事是，不把人所做出的种种判断当作唯一的、绝对的判断，并强加到其他人或其他物身上。"以道观之，物无贵贱"（《秋水》）[②]，站在道的立场上，世间万物本没有实质性的差别，应该一视同仁。但是"以物观之，自贵而相贱"（《秋水》）[③]，站在万物的立场上，就会自以为是，坐井观天，以自我判断为中心，把事物差异的相对性当作绝对性看待，或者因为人认知能力以及语言的局限，而无限夸大或不断造就事物差异的相对性。

在《齐物论》中，庄子竭力要打破的就是人类"以己为中心"和"以人为中心"的狭隘意识。例如以下这段话：

古之人，其知有所至矣。恶乎至。有以为未始有物者。至矣，尽矣。不可以加矣。

其次以为有物矣，而未始有封也。

---

① 郭庆藩：《庄子集解》，中华书局1961年版，第563页。
② 郭庆藩：《庄子集解》，中华书局1961年版，第577页。
③ 郭庆藩：《庄子集解》，中华书局1961年版，第577页。

其次以为有封焉，而未始有是非也。

是非之彰也，道之所以亏也。

道之所以亏，爱之所以成。①

池田知久认为，如果把这段话的顺序倒过来，从后向前推，可以说正是庄子的三大批判，第一批判的对象是与"小成""荣华"相伴随的、以"爱"为代表的感情判断，这是最下一级的判断。在指出感情判断的局限性之后，庄子展开了第二批判，其对象是儒墨围绕"是非"展开的价值判断。第三批判的对象则主要是惠施等名家围绕"彼是"所进行的事实判断。②无论是感情判断、价值判断还是事实判断，因为都是基于人的"知"和"言"完成的，因此必然是有限的、不可靠的甚至是可笑的。

在《齐物论》中，庄子还说："民湿寝则腰疾偏死，鳅然乎哉？木处则惴栗恂惧，猨猴然乎哉？三者孰知正处？民食刍豢，麋鹿食荐，蝍蛆甘带，鸱鸦耆鼠，四者孰知正味？猨猵狙以为雌，麋与鹿交，鳅与鱼游。毛嫱丽姬，人之所美也，鱼见之深入，鸟见之高飞，麋鹿见之决骤。四者孰知天下之正色哉？自我观之，仁义之端，是非之途，樊然殽乱，吾恶能知其辩！"③这是警告人类不要把自己的价值观、审美观强加到万物之上，世界上没有什么绝对的"正处""正味""正色"。这种在他者面前、在万物面前，时刻意识到自己的局限与渺小，以平等的姿态，对他者对万物表示出足够的理解与尊重，这种姿态不正是谦逊的精神吗？

---

① 郭庆藩：《庄子集解》，中华书局1961年版，第74页。

② 池田知久认为，《齐物论》这里事实上还存在针对自身之"万物齐同"展开的第四批判，这项批判完成之后，才能到达最终的"一之无"，并最终确立"道"。（［日］池田知久：《道家思想的新研究——以庄子为中心》，王启发、曹峰译，中州古籍出版社2009年版，第172-173页）

③ 郭庆藩：《庄子集解》，中华书局1961年版，第93页。

《齐物论》反复提到"以明"，如："若是而可谓成乎，虽我亦成也。若是而不可谓成乎，物与我无成也。是故滑疑之耀，圣人之所图也。为是不用，而寓诸庸。此之谓以明。"[1]"故有儒墨之是非。以是其所非，而非其所是。欲是其所非，而非其所是，则莫若以明。"[2]"彼是莫得其偶，谓之道枢。枢始得其环中，以应无穷。是亦一无穷，非亦一无穷也。故曰：'莫若以明。'"[3]这个"以明"，我们既可以将其理解为"以道观之"的宏大视野，也可以将其理解为对他者、对万物表示出足够理解与尊重的谦逊姿态、方法、智慧。

正因为道无限宏大、万物无限渺小，所以道家对于万物命运的不确定性、无常性、偶然性也有清醒的认识。例如《列子·力命》说："然而生生死死，非物非我，皆命也，智之所无奈何。故曰：窈然无际，天道自会；漠然无分，天道自运。天地不能犯，圣智不能干，鬼魅不能欺。自然者，默之成之，平之宁之，将之迎之。"[4]对于自然的造化，人类只能以"默之成之，平之宁之，将之迎之"的平静、谦和的心态加以应对。

道家认为，世事如幻如梦，这既是事物变化自身的多样性所致，也是因为人类主观精神活动的丰富性所致。对于世事的无常，与其费力地加以琢磨、加以把握，不如将有限的生命投入到无限的"物化"洪流之中，《庄子·齐物论》在否定了"以己为中心"和"以人为中心"的狭隘意识以及种种恶果之后，叙述了一个"庄周梦为蝴蝶"的故事：

昔者庄周梦为蝴蝶，栩栩然蝴蝶也。自喻适志与！不知周也。俄然

---

[1] 郭庆藩：《庄子集解》，中华书局1961年版，第75页。

[2] 郭庆藩：《庄子集解》，中华书局1961年版，第63页。

[3] 郭庆藩：《庄子集解》，中华书局1961年版，第66页。

[4] 杨伯峻：《列子集释》，中华书局1979年版，第203页。

觉，则蘧蘧然周也。不知周之梦为蝴蝶与？蝴蝶之梦为周与？周与蝴蝶，则必有分矣。此之谓物化。①

《庄子·齐物论》在最后出现"梦为蝴蝶"的故事，一定是有用意的，庄子在冷酷无情地揭示了人的渺小和局限之后，人类不免悲观，要想跳出悲观，"物化"不失为一条豁达的途径，所谓"物化"正是主动放弃寻求人与万物之间的差别，从而以最为平等、最为谦逊的姿态打破物我的差别，寻求与万物之间的齐同。在《庄子·天下》篇中，庄子对自己的塑造，正体现出万物平等、谦卑无争、看淡一切的精神。那就是"独与天地精神往来，而不敖倪于万物。不谴是非，以与世俗处"②，"上与造物者游，而下与外死生无终始者为友"③。这不正是排除了"以己为中心""以人为中心"的谦逊姿态吗？

三、关联性视野下的谦逊

《老子》40章说："反者道之动，弱者道之用。"④又说："大曰逝，逝曰远，远曰反。"（25章）⑤道家以为，世界上的事物无不处在运动发展之中，然而其运动和发展有规律可循，那就是"反"与"复"。同时事物运动和发展，绝不是孤立的、单独的运动，必然表现为与其他事物尤其是与之相反事物之间的往来与互动。

中国古人早就认为，事物由正反两个方面构成，事物的发展都是从一个方向向另一个方向转化，卑小总会走向高大、柔弱总会走向雄强、生

---

① 郭庆藩：《庄子集解》，中华书局1961年版，第112页。
② 郭庆藩：《庄子集解》，中华书局1961年版，第1098–1099页。
③ 郭庆藩：《庄子集解》，中华书局1961年版，第1099页。
④ 楼宇烈校释：《王弼集校释》，中华书局1980年版，第109页。
⑤ 楼宇烈校释：《王弼集校释》，中华书局1980年版，第64页。

命总会走向死亡，反过来，就是新的一次轮回和转化。因此，如何在事物运动发展过程中使自己处于合理的、最佳的位置，永远立于不败之地，这方面的理性思维极为发达，《周易》的思维、兵家的思维以及史官的思维就是典型代表，道家全面地继承了这种思维，并发展出更为系统、深刻的认识。例如老子说，"物壮则老"（30章）①；"强梁者不得其死"（42章）②；"勇于敢则杀"（73章）③；"坚强者死之徒"（76章）、"兵强则不胜，木强则兵"（76章）④；"甚爱必大费，多藏必厚亡"（44章）⑤；"祸兮福之所倚，福兮祸之所伏"（58章）、"正复为奇，善复为妖"（58章）⑥，等等。

同样是辩证思维，与《周易》同时注重刚柔阴阳，甚至更重阳刚不同，道家更注重阴柔的一面，因而发展出一套独特的反向思维，老子就是反向思维的大师。在"有无""正反"的两极互动中，老子重视"无"，更重视"反"。凡人只看到、只知道正面的价值取向，不知道反面的价值取向。老子则积极利用物极必反的原理，将反向的视野和思路发挥到极致。这种反面的论述在《老子》中比比皆是。

例如"知足"。44章有"知足不辱，知止不殆，可以长久"，⑦这是说只有懂得适可而止的人才能保有他的满足。相反，"祸莫大于不知足，咎莫大于欲得。故知足之足，常足矣"（46章）⑧，不知足就会放纵贪

---

① 楼宇烈校释：《王弼集校释》，中华书局1980年版，第79页。
② 楼宇烈校释：《王弼集校释》，中华书局1980年版，第118页。
③ 楼宇烈校释：《王弼集校释》，中华书局1980年版，第181页。
④ 楼宇烈校释：《王弼集校释》，中华书局1980年版，第185页。
⑤ 楼宇烈校释：《王弼集校释》，中华书局1980年版，第122页。
⑥ 楼宇烈校释：《王弼集校释》，中华书局1980年版，第152页。
⑦ 楼宇烈校释：《王弼集校释》，中华书局1980年版，第122页。
⑧ 楼宇烈校释：《王弼集校释》，中华书局1980年版，第125页。

欲，不知足就会无所顾忌，就会招致杀身之祸。作为史官的老子，在这方面的感受远比一般人更为深切。

例如"退身"。这是依据盛极必反的原理，通过对事物发展必然规律的预测，而对走上顶点的人做出的忠告。"持而盈之，不如其已。揣而锐之，不可长保。金玉满堂，莫之能守。富贵而骄，自遗其咎。功遂身退，天之道"（9章）①，该放弃就要放弃，该舍得就要舍得，金玉满堂，没有谁能守住。富贵骄横，将自取其祸。功成而不居，这才符合天的法则。

例如"贵柔"。这正是老子赞赏女性、赞赏婴儿、赞赏水的原因。老子在自然界中发现水"处众人之所恶"（8章）②，发现"人之生也，柔弱。其死也，坚强。万物草木之生也，柔脆。其死也，枯槁。故坚强者死之徒，柔弱者生之徒。是以兵强则不胜，木强则兵。强大处下，柔弱处上"（76章）③，柔弱者反而最为刚强，最为长久，最有活力，是最后的胜者。所以他希望人能像水、像女性、像婴儿那样柔弱、卑下，甘于寂寞、屈辱，处在新生的、弱小的、生动的一面，这样就能尽可能地远离死亡、腐朽，摆脱外在污染，保持生命活力。

有人把老子及道家理解为一种阴谋之术，的确"将欲歙之，必固张之。将欲弱之，必固强之。将欲废之，必固兴之。将欲夺之，必固与之。是谓微明，柔弱胜刚强"（36章）④等言论，看上去像一种实战计谋，即主动地预见矛盾发展的方向，做矛盾的主人，而不是矛盾的奴隶，被动地等待矛盾发展的结果。但老子的初衷绝不在于激发人类的智谋，让人类热衷于竞争与杀伐。所以他会强调"曲则全，枉则直，洼则盈，敝则新，

---

① 楼宇烈校释：《王弼集校释》，中华书局1980年版，第21页。
② 楼宇烈校释：《王弼集校释》，中华书局1980年版，第20页。
③ 楼宇烈校释：《王弼集校释》，中华书局1980年版，第185页。
④ 楼宇烈校释：《王弼集校释》，中华书局1980年版，第89页。

少则得，多则惑"（22章）[①]的道理，即委曲者反能保全，弯曲者反能正直，卑下者反能盈满，凋敝者反能新生，少取者反能多得，贪多者反会迷惑；"物或损之而益，或益之而损"[②]（42章），事物有时贬低它反得到抬高，有时抬高它反遭到贬低；当事物的运行轨迹即将到达发展的顶点时，老子告诉你需要努力延缓发展的速度，设法改变发展的方向，以避免极限的降临；当事物的运行轨迹已经到达发展的顶点时，老子告诉你甚至需要不惜牺牲利益或尊严，以避免衰退的开始。或者从一开始就留出让步的空间，保持伸展的余地。

老子还说："上德若谷，大白若辱，广德若不足，建德若偷，质真若渝。"（41章）[③]高尚的"德"，好像低下的川谷；最洁净的"白"，好像有污垢。最广大的"德"，好像有不足。最刚健的"德"，好像很软弱。"大成若缺，其用不弊。大盈若冲，其用不穷。大直若屈，大巧若拙，大辩若讷"（45章）[④]，最完善的东西仿佛有缺损，但其作用不衰。最充盈的东西仿佛有空虚，但其作用无穷。最笔直的东西仿佛有弯曲，最精巧的东西仿佛很笨拙，最会辩论的人仿佛没有口才。"善有果而已，不敢以取强。果而勿矜，果而勿伐，果而勿骄，果而不得已，果而勿强"（30章）[⑤]，善用兵者只要达到目标就罢手，不以兵力逞强。成功而不自高自大，成功而不夸耀，成功似乎是出于不得已。"圣人方而不割，廉而不刿。直而不肆，光而不耀"（58章）[⑥]，圣人方正有角但不割伤人，锋利但不刺伤人，直率但不放肆，明亮但不耀眼。"圣人不积，既以为人，

---

① 楼宇烈校释：《王弼集校释》，中华书局1980年版，第55页。
② 楼宇烈校释：《王弼集校释》，中华书局1980年版，第117页。
③ 楼宇烈校释：《王弼集校释》，中华书局1980年版，第112页。
④ 楼宇烈校释：《王弼集校释》，中华书局1980年版，第122页。
⑤ 楼宇烈校释：《王弼集校释》，中华书局1980年版，第78页。
⑥ 楼宇烈校释：《王弼集校释》，中华书局1980年版，第152页。

已愈有。既以与人，己愈多"（81章）①，要想得到，首先必须付出，圣人没有保留，尽量帮助别人，自己反而更充足。尽量给予别人，自己反而更丰富。世上没有永恒的完美，百分之百的完美，其实并不完美，因为它只是一个即将消失的顶点，预示着衰退的开始，相反，接近完美却不达致完美，才是真正的完美，动态的、可以把握的完美。这一类的论述，都是在事物关系中，讨论人最佳的存身之道，最合理的处世方式，这种方式无不指向普通人所追求、所向往的反面。这里没有用一个"谦"字，可哪一个不是指向谦逊呢？老子没有正面告诉人类谦逊的重要性，以及如何谦逊，可是他所有的论述无不围绕谦逊展开。后代的道家也始终没有离开这个宗旨。例如马王堆帛书《黄帝四经》的作者指出，高明的统治者善于在矛盾的关系中把握平衡、建立平衡，但这个平衡有时并非绝对的平衡，而是看似向一方倾斜的非平衡。例如《黄帝四经·十六经》的《雌雄节》希望统治者能够远离"雄节"（或称"逆节""凶节"），保持"雌节"（或称"女节""柔节""吉节"），陈鼓应指出："举凡守愚持拙、光而不耀、进退有节、不敢为先、不自大骄人、谦卑逊下、静而不争等等，均属雌节的范畴；相反，则为雄节。"②

《十六经·顺道》也说："大庭〔氏〕之有天下也，安徐正静，柔节先定。宛湿（燮）恭俭，卑约生柔。常后而不〈先〉。"③"刑于女节，所生乃柔。□□□正德，好德不争。立于不敢，行于不能。战示不敢，明执不能。守弱节而坚之，胥雄节之穷而因之。若此者其民劳不〔僈〕，饥不怠，死不怨。不旷其众，不为兵主，不为乱首，不为怨媒。不阴谋，不擅断疑，不谋削人之野，不谋劫人之宇。慎案其众，以随天地之从。

① 楼宇烈校释：《王弼集校释》，中华书局1980年版，第192页。
② 陈鼓应：《黄帝四经今注今译》，台湾商务印书馆1995年版，第333页。
③ 陈鼓应：《黄帝四经今注今译》，台湾商务印书馆1995年版，第390页。

不擅作事，以待逆节所穷。"①这一段话涉及为人处世、政治军事外交的所有方面，而中心只有一个，就是在刚柔、进退、强弱、攻守、动静、盈缩中，柔、退、弱、守、静、缩的一方更为有利，因为代表的是生长、创造、平和、稳定、谦虚、谨慎的一方，而刚、进、强、攻、动、盈的一方则代表着危险、骄傲、自满、贪婪、冒进的一方，依据事物必然走向其反面的规律，处于"雄节"的一方必然提前灭亡，但是事实上"凡人好用雄节"。所以，对于一个高明的统治者而言，最为重要的事情，就是不断调节自己的立场，使自己处于"雌节"这一永远不败之地。《黄帝四经》明确地将此行为方式称为"顺道"，认为谦下不争，持手柔节，正是天之道的表现。

《雌雄节》称黄帝是最能够把握"雌节"之人，"皇后屯历吉凶之常，以辨雌雄之节，乃分祸福之向。"②即黄帝能够洞察吉凶，辨明雌节与雄节两种姿势，分清祸福产生的原因所在。"夫雄节以得，乃不为福；雌节以亡，必得将有赏。夫雄节而数得，是谓积殃。凶忧重至，几于死亡。雌节而数亡，是谓积德。慎戒毋废，大禄将极。"③意思是处于雄节者，即便暂时有所得，最终也无善报；处于雌节者，即便有所损失，最后也会得到报赏。这正是谦逊之道在黄老道家政治实践中的发挥和运用。

总之，"谦"是道家在生活中对"道"的具体理解和运用。道家最为重视的生长、创造、活力、稳定、平和可以说都是"谦"的产物。我们认为，与中国古代其他各家相比，道家关于谦逊的认识要更为宏大、更为丰富、更为深刻。因为这种认识是基于整体性、平等性、关联性的视野展开的，不是零碎的、偶然的思考，而是其整个思维体系的重要一环或者说重

---

① 陈鼓应：《黄帝四经今注今译》，台湾商务印书馆1995年版，第393-396页。

② 陈鼓应：《黄帝四经今注今译》，台湾商务印书馆1995年版，第332页。

③ 陈鼓应：《黄帝四经今注今译》，台湾商务印书馆1995年版，第332页。

要结晶。道家谦逊之道，一言以蔽之，就是"舍己以物为法"，就主体而言，要克制、忍让、宽容、虚心，对客体而言，要欣赏、尊重、不干预、不强制。通过主体的虚无、空灵、不盈、超越，非既定、非常识、非现实、非规范，带来客体的开放、多元、自由、通畅。通过主体对于谦逊之道的积极运用，从而使自己永远处于最佳的状态，保持最强的创造性和生命力。这是道家可以贡献给全人类的、历久而弥新的智慧。

第三编

中国哲学与生态文明

第八章　理学万物一体观念的生态意蕴

　　理学的万物一体论有着丰富的生态伦理意涵，这一点在阳明学的思想中有着进一步的丰富展开，并逐渐与佛教、道教的思想更加紧密地结合起来。泰州学派的杨起元在论述"群生之性一也"时，将万物皆视作有性、有知之物，从而将人之所以异于物的"几希"更加淡化了。动植物皆有"知"，那么我们就理应尊重"他们"而非"它们"的生存权和发展权。正是这样的思路，使得重视生命、爱护一草一木的生态伦理的观念呼之欲出。而人作为"天地之生德"，理应发挥其"育物"之特性和参赞天地之能力，为营造和谐共生的世界而努力。

　　"生态"一词，现在通常指生物的生活状态，指生物在一定的自然环境下生存和发展的状态，也指生物的生理特性和生活习性。从词源上来说，中国古书中的"生态"一词多指生动美好的姿态，并无现在所说的"生态"的含义。源于西方的"生态"一词，简单地说，就是指一切生物的生存状态，以及它们之间和它与环境之间环环相扣的关系。古代儒家并无专门研究生物个体的"生态学"，这毋庸置疑。但是，若谓古代儒家思想中没有"生态"的理念则不然。更何况，对"生态"的理解在不同的文化背景下，应当也会有不同的理解。儒家的"万物一体"思想中便包含了尊重生命的生命伦理意涵，这应当也是"生态"所含意义之一。鉴于前辈学人关于阳明学万物一体观早已有丰富研究，本文并不打算在此方面多着笔墨，而是欲以理学为基础，揭示阳明后学在对万物一体进行发展时显露出的新意涵——"草木有知""人能育物"——进行研究，揭示其中的生命伦理特色和生态含义。

一、理学万物一体观的生发

宋代理学的万物一体观与佛教的无情有性说本来并无关联，二者实为两个系统。万物一体观，源发于先秦孔孟的仁学思想，其侧重点是通过认识到人与天地万物之一体关系，从而彰显人在天地之间的价值和责任，是对儒家内圣外王思想的一种表达。而佛教的无情有性说，主要为天台宗、禅宗中的洪州禅等所主张，其意以为宇宙万物无论有情无情，皆具真如佛性，无有间隔，这是佛教佛性论的一种形式。可见，儒家的万物一体观与佛教的无情有性说，其言说的侧重点有很大不同，为截然不同的两个体系。但是就中国佛教自身的万物一体理论而言，却与无情有性说有着密切的联系。但随着理学与佛教在宋代以来交涉融通的深入，对于佛教的无情有性说，理学便不能不加以回应，尤其是汉唐时期佛教就屡屡在批评儒学时指出儒学之主张杀生并非真正的大仁大爱。而理学既然主张万物皆有天理，那么就更不能不回应佛教的这一思想挑战，如朱熹对"枯槁有性"问题的讨论。[①]但这一问题的更深刻回应要看阳明心学，在阳明心学中万物一体观与无情有性说终于发生了明显的关联，并最终在其后学中孕生出了无情亦有良知的说法。

具体说来，宋明理学的万物一体观念的发生，与孔子的"践仁知天"、孟子的"万物皆备于我"这两个命题紧密相关。孟子所说："万物皆备于我矣。反身而诚，乐莫大焉。强恕而行，求仁莫近焉。"（《孟子·尽心上》）尤为理学家所瞩目。宋明理学家中明确提出"万物一体"思想的程颢，便是本自对孟子此语的解释，其《识仁篇》谓："仁者浑

---

① 参见陈来：《朱子哲学研究》，华东师范大学出版社2008年版，第136-143页。

然与物同体……此道与物无对，'大'不足以明之。天地之用，皆我之用。孟子言'万物皆备于我'，须'反身而诚'，乃谓大乐。若反身未诚，则犹是二物有对，以己合彼……"[1] "仁者以天地万物为一体，莫非己也。……若不有诸己，自不与己相干。如手足不仁，气已不贯，皆不属己。……仁至难言，故止曰：'己欲立而立人，己欲达而达人，能近取譬，可谓仁之方也已。'"[2]这就是后来宋明理学家所习讲的"万物一体之仁"的观念。[3]由此亦可看出，宋明理学的万物一体观念本就是对孔孟仁学的解释和阐发。此外，张载亦从气学的角度言："性者万物之一源，非有我之得私也。惟大人为能尽其道，是故立必俱立，知必周知，爱必兼爱，成不独成。"[4]这也正是其《西铭》"民吾同胞，物吾与也"[5]思想提出的基础。所谓大人也就是程颢所言仁者，其意是万物皆源于太虚，故为同源一体，但是只有圣人仁者才能体认此真知，做到周知兼爱、成己成物。张载此说亦是发挥了孔子的忠恕之仁思想与孟子仁及草木之论。不过，二程与张载对"物"的态度还是有差异的，此点在程颢《定性书》表现得尤为明白。张载问大程："定性未能不动，犹累于外物，何也？"程颢以定性作答，他认为"性无内外"，"苟以物为外，牵己而从之，是以性为有内外也。性为随于外，则当在外时，何者在内也？是有意于绝外诱

---

① 《河南程氏遗书》，载《二程集》，中华书局1981年版，第16-17页。

② 《二程集》，中华书局1981年版，第15页。

③ 吴震：《传习录精读》，复旦大学出版社2011年版，第155页。对于万物一体观念，是宋明理学家的通义，还是仅仅是程颢、张载以及心学一系学者所持，学界有两种看法。钱穆先生持前一种看法，陈立胜亦对此说进行申明。而持后一种观点的则为多数。其中关键是对"万物一体"含义的定位问题，即要区分"万物一体"的广义层面和狭义层面。但有一点可以确定的是，朱熹对程颢的万物一体论颇有微辞。对此，可参见吴震所著《传习录精读》，复旦大学出版社2011年版，第159页。

④ 《张载集》，中华书局2012年版，第20页。

⑤ 《张载集》，中华书局2012年版，第62页。

而不知性之无内外也。既以内外为二本，则又乌可语定哉？夫天地之常，以其心普万物而无心；圣人之常，以其情顺万事而无情。故君子之学莫若廓然而大公，物来而顺应。"又谓人不可有"恶外物之心"，"与其非外而是内，不若内外之两忘也。两忘则澄然无事矣。无事则定，定则明，明则何物之为累哉？""圣人未尝绝物而不应也。"①这段文字非常精彩，因为北宋时期司马光在理解人和外物的关系时便曾以"捍御外物"解释"格物"，②据此以观，张载的"恶外物"主张和司马光有一致性。张载说：

致知在格物。格，去也，格去物则心始虚明。……格物，外物也。外其物则心无蔽，无蔽则虚静，虚静故思虑精明而知至也。③

程颢的回答则是以"性无内外"为"万物一体"观念奠定了本体论基础。就此而言，张载"性者万物之一源"的思想有可能受到了程颢影响。在二程看来，恶外物、绝物诱其实是佛教的主张，而非儒家，依此，张载所说"外其物"而达至的"虚静"也就是佛老之学，而非真正的儒学。儒家的主张应是孟子的"万物皆备于我"，"性无内外"也正是对这一命题的推衍。

如二程说：

"万物皆备于我"，此通人物而言。禽兽与人绝相似，只是不能推。然禽兽之性却自然，不待学，不待教，如营巢养子之类是也。人虽是灵，

---

① 《二程集》，中华书局1981年版，第1262页。
② 司马光：《致知在格物论》，载《温国文正司马公文集》卷七十一，《四部丛刊初编》集部。
③ 张载：《张子全书·礼记说》，林乐昌编校，西北大学出版社2015年版，第32页。

却椓丧处极多，只有一件，婴儿饮乳是自然，非学也，其佗皆诱之也。欲得人家婴儿善，且自小不要引佗，留佗真性，待他自然，亦须完得些本性须别也。（遗书卷二下）①

问："恶外物，如何？"曰："是不知道者也。物安可恶？释氏之学便如此。释氏要屏事不问。这事是合有邪？合无邪？若是合有，又安可屏？若是合无，自然无了，更屏什么？彼方外者苟且务静，乃远迹山林之间，盖非明理者也。世方以为高，惑矣。"②

在二程看来，佛教是要遗弃天地万物，以天地万物为虚妄，不但如此，人身亦是假合，自然与儒家的万物一体绝然不同。而儒家则是要以天地万物为一体，而这也就意味着为学须做到格物穷理。格物穷理之学正是万物一体之学。阳明后学中有以"格物"为"通物"之意者，正是循此脉络而来。这样的"我"即是"大我"，同时也是"无我"。因为"我"是万物一体之我，那么"我"的内容也就成了万物。而且物我一理，就理为人、物之本质、本体而言，"我""循理而为"，也就是"无我""无为"，也就是大程所言"与其是内而非外，不若内外之两忘"。天地生万物，人亦是一物，因此，虽然儒学从先秦便强调人禽之辨，然而在理学这里更为重要的是如何解释人物同源同体的问题。在大程看来，人甚至有不如禽兽的地方，上引其文即言："禽兽与人绝相似，只是不能推。"而"人虽是灵，却椓丧处极多"。

然而，颇有意趣的是，在汉晋时期佛教信徒与中土士人辩论时便从佛教的立场出发不辨人禽，亦且不辨动物植物之别、圣人凡人之别，因为在佛教看来，这些均同属"众生"，自然无须分别。那么理学在某种程

---

① 《二程集》，中华书局1981年版，第56页。

② 《二程集》，中华书局1981年版，第195页。

度上对于人物同源的强调也不能免于被理学群体所指摘。不论是张载的"民吾同胞，物吾与也"，还是程颢的"仁者以天地万物为一体"，都曾被理学家质疑过其中有佛道色彩。程颐的弟子杨时就怀疑张载《西铭》"恐其流遂至于兼爱"[1]。墨家之兼爱，被孟子批评为异端之说，"墨氏兼爱，是无父也"。而在宋儒如朱熹看来，佛教之决弃伦类，亦属异端。决弃伦类，亦是无父无君的爱无差等之说。正是在宋代理学攻辟佛老的情境下，张载的"民胞物与"才会在儒佛之辨的主题上如此受人关注。[2]而程颢《识仁篇》中这段明确提出"万物一体"的文字，朱熹则评价说："若如今世人说，却是无实事。如禅家之语，只虚空打个筋斗，却无着力处。"[3]在他看来，"'反身而诚'，实也，谓实有此理，更无不慊处，则仰不愧，俯不怍，'乐莫大焉'。'强恕而行'，即是推此理以及人也。我诚有此理，在人亦各有此理。能使人有此理亦如我焉，则近于仁矣。如明道这般说话极好，只是说得太广，学者难入。"[4]但朱熹在批评他人的时候，自己也不能免于以道家庄子的"天地与我并生，万物与我为一"解释《孟子》的"万物皆备于我"。[5]

确实，道、佛二家亦有自己的万物一体观念。佛教的同体大悲，济世度人，好生戒杀，道家庄子的"天地与我并生，万物与我为一"[6]，这都可视为各自万物一体观念的表达。特别是庄子的这句话，在后世影响很大，中国佛教的万物一体观便受其影响，魏晋时期僧肇的《涅槃无名

---

① 《二程集》，中华书局1981年版，第609页。

② 黎靖德编：《朱子语类》卷二十四，中华书局1986年版，第586-587页。朱熹的弟子就屡屡向朱熹问及《西铭》与杨墨之学、佛老之学的异同问题。

③ 黎靖德编：《朱子语类》卷六十，中华书局1986年版，第1438页。

④ 黎靖德编：《朱子语类》卷六十，中华书局1986年版，第1437页。

⑤ 黎靖德编：《朱子语类》卷六十，中华书局1986年版，第1437页。吴震在《传习录精读》一书中对朱熹的这一做法有详细分析。参见其书，第157-158页。

⑥ 钱穆：《庄子纂笺·齐物论》，生活·读书·新知三联书店2010年版，第22页。

论》中说："妙悟即见道也。妙悟存于即真。……既能齐观，则此彼何别，已是此也。所以天地与我同根，万物与我一体。"[①]"夫至人空洞无象，而万物无非我造。会百物以成己者，其唯圣人乎……涅磐之道，存乎妙契。妙契之致，本乎冥一，然则物不异我，我不异物，物我玄会，归乎无极。"[②]僧肇的万物一体观通过格义的方式，吸收了庄子的齐物论思想。这是在魏晋玄风披靡的形势下演成的[③]。在僧肇的涅槃思想中，"天地与我同根，万物与我一体"，就是说心境同一而无差别。"万物无非我造""会万物以成己"，是说万物皆是心的显现，认识到这一点，并且使万物与心冥合为一体，也叫作"理智冥一"，如此便能证得涅槃。故而僧肇虽然引用了庄子之言，但其实内涵并不相同。其实，道家对于佛教万物一体观之影响在于其道体遍在的观念。《庄子·知北游》中说："所谓道，恶乎在？庄子曰：无所不在……在蝼蚁……在稊稗……在屎溺。"这体现了道家的一种本体论思维方式，而正是这一本体论思维方式成为了嫁接中国佛教的万物一体说与"无情有性"说的桥梁[④]。

大乘佛教认为，一切法都是真如佛性的显现，万法皆有佛性。天台宗即如此主张，认为佛性即是众生之本性，也是万法之本性。天台宗的湛然明确提出"无情有佛性"，而其基础便是认为"佛性周遍于宇宙一切事物，不会因有情无情的区别而有所间隔"[⑤]，既然有情无情之间无所间隔，那么有情众生也就与草木瓦石都成一体了。华严宗主张"无情无佛

---

① 〔东晋〕僧肇：《肇论校释》，张春波校，中华书局2010年版，第209页。

② 〔东晋〕僧肇：《肇论校释》，张春波校，中华书局2010年版，第227页。

③ 参见周晋：《二程与佛教》，北京大学出版社1999年版，第35页。日本学者岛田虔次也指出了这一点，见其书《中国思想史研究》，上海古籍出版社2009年版，第11页。

④ 方立天：《中国佛教哲学要义》，中国人民大学出版社2006年版，第760页。

⑤ 方立天：《中国佛教哲学要义》，中国人民大学出版社2006年版，第321页。

性"，认为"真如在无情中但名法性，在有情内方名佛性"①。湛然反驳说："万法是真如，由不变故；真如是万法，由随缘故。子信无情无佛性者，岂非万法无真如耶？故万法之称，宁隔于纤尘；真如之体，何专于彼我？"②他通过解释《大乘起信论》的真如随缘不变说，强调不变的真如与真如随缘而起的万法是相即的，真如遍在于万法，故而即使是纤尘也具有真如之体，具有佛性。此外，禅宗中的法融牛头宗也主张"无情有性"说，由此而有"青青翠竹，尽是法身；郁郁黄花，无非般若"的说法③。

需要指出的是，中国佛教之论万物一体与儒学之言万物一体是有着明显的差距的，至少我们可以做出如下分别：（1）佛教是要通过去除物我之别，破除执着，从而涅槃成佛，体现的是出世解脱精神。而孟子之言万物一体以求仁为目的，有成己成物、参赞化育之义，有着积极的入世精神。这也正是宋明理学万物一体观所要表达的精神。（2）佛教之万物一体说，此"万物"不是实有，而是假有或者妄有。这与儒家以世界为实存不同。因此，对于儒家而言，达到"仁者浑然与物同体"的超越境界，在理学那里必定是一个"天理"的世界或良知扩充的世界，而不是像佛教所说的那种空寂的彼岸世界。（3）就佛教某些宗派的万物一体观而言，"无情有性"说与之紧密相关，在某种程度上泯除了人与物在本性上的差别，认为草木亦可成佛。但儒家则不然。孟子认为"人之所以异于禽兽者几稀，庶民去之，君子存之"（《孟子·离娄上》），人与禽兽之不同就在于是否有"四端"之心，禽兽有生命尚无心，遑论草木。而荀子则说：

---

① 《大正藏》第四十六卷，第783页。
② 《大正藏》第四十六卷，第782页。
③ 石峻等编：《中国佛教思想资料选编》第二卷第四册，中华书局1983年版，第91页。

"草木有生而无知，禽兽有知而无义；人有气有生有知亦且有义，故最为天下贵也"（《荀子·王制》），认为草木是无知的。张载、程颢、王阳明的万物一体观都坚持了这一立场。

由此来看，中国佛教的万物一体观与儒学的万物一体观的差别是根本上的差别，本无融通的可能。但是当历史的车轮进至明代，王阳明心学产生后，与佛教的"无情有性"相对应，"无情是否有良知"竟成了王学不得不面对的一个重要的理论课题。

二、一体与自然性：王阳明万物一体观的生态意涵

关于王阳明万物一体观的复杂性和与前人相异之处，柳存仁先生看得非常准确。他说："万物一体义，说亦佛家之至高者，而阳明深嗜是说，其《大学问》所言，尤怛恻感人。儒家本亦言与天地同流，疑此说未必可谓为悉从佛家承袭，斯言极是。然说此类语亦有层次，亦有程度。阳明所言，若干语其他儒家固亦尝言之。然其特别感人之深者，佛教之言也。……'仁者以天地万物为一体'，此说固不出程子及张横渠识见……至于阳明《大学问》，虽援引《孟子》，至与瓦石为仁，其博大宏厚大约惟释迦有之。"[1]他所指的内容就是王阳明在《大学问》中的这段文字：

大人者，以天地万物为一体者也。其视天下犹一家，中国犹一人焉……是故见孺子之入井，而必有怵惕恻隐之心焉，是其仁之与孺子而为一体也，孺子犹同类者也。见鸟兽之哀鸣觳觫，而必有不忍之心焉，是其仁之与鸟兽而为一体也，鸟兽犹有知觉者。见草木之摧折而必有悯恤之心焉，是其仁之与草木而为一体也，草木犹有生意者也。见瓦石之毁坏而必

---

[1] 柳存仁：《和风堂文集》，上海古籍出版社1991年版，第905页。

有顾惜之心焉，是其仁之与瓦石而为一体也。是其一体之仁也，虽小人之心亦必有之，是乃根于天命之性，而自然灵昭不昧者也，是故谓之"明德"。①

就这段文字来看，王阳明确实将北宋理学中形成的万物一体观念向前推进了一步。《大学问》之外，《答顾东桥书》《答聂文蔚》等论学文字中也都将万物一体观念融入到了其良知学的体系中，将万物一体观念与《大学》"明明德，亲民，止于至善"的大人之学联系起来，从而在良知学的思想体系内，将万物一体观念构建成了合内圣、外王于一体的丰富而成熟的思想观念。而据柳存仁先生所识，《大学问》这段话的寓意在《传习录》下王阳明回答朱本思问的一段话中表达得非常明白：

朱本思问："人有虚灵，方有良知。若草木瓦石之类，亦有良知否？"先生曰："人的良知，就是草木瓦石的良知。若草木瓦石无人的良知，不可以为草木瓦石矣。岂惟草木瓦石为然，天地无人的良知，亦不可为天地矣。盖天地万物与人原是一体，其发窍之最精处，是人心一点灵明。风、雨、露、雷、日、月、星、辰、禽、兽、草、木、山、川、土、石，与人原只一体。故五谷禽兽之类，皆可以养人；药石之类，皆可以疗疾：只为同此一气，故能相通耳。"②

对于王阳明的这两段话，是否可以理解为：鸟兽、草木、瓦石亦有仁或者良知？在笔者看来，并非如此，这不是王阳明的本意。如果是的话，那就与佛教的"无情有性"说全然无别了。而依柳存仁先生的理解，他正

---

① 《王阳明全集》，上海古籍出版社1992年版，第968页。
② 《传习录》下，《王阳明全集》，上海古籍出版社1992年版，第107页。

认为王阳明这段话的意思是在讲：草木瓦石之类亦有良知。但是，朱本思向王阳明所提出的这个问题又显然是"从佛学而来"[1]。所谓"从佛学而来"即指，其问题意识是源自佛教所讨论的无情是否亦有佛性的问题。但客观来说，宋明时期，三教思想之间互相交流和吸收，故而儒、释之辨本即在毫厘间。故而不能单凭王阳明弟子的问话便认定王阳明主张草木瓦石亦有良知，并由此判定其万物一体思想是佛教性质的，"惟释迦有之"。正如宋儒在谈论张载《西铭》"民胞物与"的思想时所说，不能将儒家由亲亲推及于爱物的仁爱思想和墨家无有差等的泛爱混为一谈一个道理。

柳存仁谓王阳明"与瓦石为仁"的说法只有佛教才有，有泥于字面而误读王阳明之嫌。一方面，在《传习录》卷下这段话中，阳明以人之良知、灵明为天地万物发窍的最精处。这是对宋明理学屡屡谈及的"人者，天地之心"的绝佳解释。他所说的是"人的良知，就是草木瓦石的良知。若草木瓦石无人的良知，不可以为草木瓦石矣"，而不是"若人无草木瓦石的良知，不可以为人矣"。而若按照佛教"无情有性"的说法，其意是以为天地间的事物，有情无情，皆有佛性，亦即真如遍在于一切法。草木瓦石之具有真如佛性并不依赖于人的真如佛性而存在。故而，归根到底，王阳明之说仍然是儒家的，并非佛教的。[2]另一方面，"若草木瓦石无人的良知，不可以为草木瓦石矣。岂惟草木瓦石为然，天地无人的良知，亦不可为天地矣"的说法，是"'心外无物'这一心物论的一种变相说法"。王阳明的万物一体论是其心物一体观的一种表现形式。从价值论意义上讲，包括草木瓦石、日月星辰等等在内的天地万物，其存在的价值和意义，都是由人而呈现出来的。"既然世界是一个有价值的存在，那么它

---

① 吴震：《传习录精读》，复旦大学出版社2011年版，第135页。

② 陈荣捷在《王阳明与禅》一文中检讨王阳明与禅说之关联，亦并未谈及王阳明的万物一体观是出自佛教。见氏著《王阳明与禅》，学生书局1984年版，第73-80页。

必然是指向人的存在而言，而人是一种德性的存在，是有道德心、价值感的现实存在，因此人的存在决定并赋予现实世界以价值和意义。"①而在王阳明这里，此体现人之德性、价值生命的就是良知或灵明。因此他所说"人的良知，就是草木瓦石的良知。若草木瓦石无人的良知，不可以为草木瓦石矣"，"仁之与鸟兽""仁之与草木""仁之与瓦石"，正与其致良知说是一致，即推致吾心之良知于事事物物，则事事物物皆得其理。而这一推致吾心之良知的过程，就是推致吾心之仁的过程，最终所达到的便是与对象合为一体之仁。源自人的一体之仁可以贯通天地万物，其背后所要表露的正是，天地万物的存在都与人休戚相关，故而人要成以天地万物为一体的"大人""仁者"。这种对于天地万物存在的仁爱关怀，在其拔本塞源论中体现得尤为明显，展现出的正是儒家关注社会秩序建构的外王追求，与佛教之出世求涅槃解脱决不可同日而语。

虽然从内容实质上来说，王阳明的万物一体观并非佛教式的，而是儒家式的。但是，从结构形式上来说，王阳明以良知为依据来阐发万物一体义，以良知为天地万物发窍之最精处，这正与佛教以佛性为万法之所依的思想，在义理结构上有十分相似之处，二者都是以一圆满具足的本心为依归。且正如上文所述，王阳明讨论"草木瓦石之类是否有良知"这一问题意识正是从佛教而来，或者说，是以佛教为义理比较的对象的。

在此之外，王阳明心学对万物一体论的推进还体现在另一方面，他在儒学的视域内对杀生问题做了细致的解答，此点见于他和弟子薛侃对去除花间草的讨论，为了便于分析，有必要将这一长段文字录入：

侃去花间草，因曰："天地间何善难培，恶难去？"先生曰："未

---

① 吴震：《传习录精读》，复旦大学出版社2011年版，第136-137页。

培未去耳。"少间，曰："此等看善恶，皆从躯壳起念，便会错。"侃未达。曰："天地生意，花草一般，何曾有善恶之分？子欲观花，则以花为善，以草为恶；如欲用草时，复以草为善矣。此等善恶，皆由汝心好恶所生，故知是错。"曰："然则无善无恶乎？"曰："无善无恶者理之静，有善有恶者气之动。不动于气，即无善无恶，是谓至善。"曰："佛氏亦无善无恶，何以异？"曰："佛氏着在无善无恶上，便一切都不管，不可以治天下。圣人无善无恶，只是无有作好，无有作恶，不动于气。然遵王之道，会其有极，便自一循天理，便有个裁成辅相。"曰："草既非恶，即草不宜去矣。"曰："如此却是佛、老意见。草若有碍，何妨汝去？"曰："如此又是作好作恶？"曰："不作好恶，非是全无好恶，却是无知觉的人。谓之不作者，只是好恶一循于理，不去又着一分意思。如此，即是不曾好恶一般。"曰："去草如何是一循于理，不着意思？"曰："草有妨碍，理亦宜去，去之而已。偶未即去，亦不累心。若着了一分意思，即心体便有贴累，便有许多动气处。"曰："然则善恶全不在物？"曰："只在汝心循理便是善，动气便是恶。"曰："毕竟物无善恶。"曰："在心如此，在物亦然。世儒惟不知此，舍心逐物，将格物之学错看了，终日驰求于外，只做得个义袭而取，终身行不著，习不察。"曰"'如好好色，如恶恶臭'，则如何？"曰："此正是一循于理；是天理合如此，本无私意作好作恶。"曰："'如好好色，如恶恶臭'，安得非意？"曰："却是诚意，不是私意。诚意只是循天理。虽是循天理，亦着不得一分意，故有所忿懥好乐则不得其正，须是廓然大公，方是心之本体。知此即知未发之中。"伯生曰："先生云'草有妨碍，理亦宜去'，缘何又是躯壳起念？"曰："此须汝心自体当。汝要去草，是甚么心？周茂叔窗前草不除，是甚么心？"①

这段话看似复杂，但中心问题非常简单，即如何看待人去除花草的问题，这一问题也可以放大，比如人杀生吃肉的问题。在王阳明看来：其一，花草不可以善、恶来分别，这只是人心的私情、意见在作怪，才会认为草是恶的或花是好的。花草都是天地生意的体现，并无本质区别。其二，去除花间杂草，并不是因为草是恶，而是因为草有妨碍。草妨碍花的生长，并不是因为草是恶的，或者说就意味着草是恶的，只是说草在这个地方有妨碍。就草的存在而言，有的人可能并不觉得是妨碍，比如周敦颐"窗前草不除"；有的人可能会觉得驴的叫声太难听，但是张载却喜欢听驴鸣。其三，人不能着意，而是要去意。去意就意味着无我，无我是大公无私之道，大公无私，"无有作好，无有作恶"，便是循天理。其四，所谓去意，不是完全无意，没有任何意念。去意是无私意，也就是"诚意"，不以内外彼此为限隔，大公无私，同体大公，万物一体。这样的大公一体之意，就是循理而发之意。其五，"善恶全不在物"，"毕竟物无善恶"，这两句短语明确说明了以善、恶作为判断人事或者事物并不具有"绝对的"正当性。"在心如此，在物亦然"。人的本心是无善无恶的，事物也是无善无恶的。恶源于人之动气，也就是气质。人之以此为善，以彼为恶，产生各种各样的善恶分别，价值判断，是"动气"的体现。价值判断都是相对的，有着时效性、时机性，并不具有绝对性、普遍性。其六，换言之，王阳明在警惕一种思想取向或者世界观：如果我们将善、恶作为对于事物本质的判断——本质的判断意味着绝对的判断，这其实仅仅是一种幻相，是人的自傲，认识的傲慢，那就有将人类本身、事物本身

---

① 《王阳明全集》，上海古籍出版社1992年版，第28页。

一分为二的危险，比如把人分为要么君子和要么小人，把植物分为要么是好看的花，要么是丑的、坏的草。一旦形成这样的结论，其灾难性后果可想而知，比如把地上的草全部铲除掉。这一点可以推想，花里边的草是从哪来的呢，只铲掉花园里边的不够，还要把造成花园里生草的那些也铲除掉啊！其七，以花草比喻人，意味着就人世间来说，"物之不齐，物之情也。"每个人都是天地所生，这是相同的。但人和人不同，每个人和每个人都不同，性情、气质都有差异，但是我们不能因为这种差异，就说自己是善的，别人是恶的。这一善、恶的判断就是人从躯壳欲望起念而生，只是一种意见。就人类社会而言，这样的善恶二分法只会造成社会的分裂，人类的分裂，而不是和谐共处。

在此意义上，理学相对于此前儒学的一大贡献是回到孔子《易传》的传统，重新理解"天地之大德曰生"，以此为基础，而以生释仁，以及重新阐发"生之谓性"。王阳明"物无善恶"观念的提出便颇有创新意义，从天地生物的角度看，物不能以善恶来判分，阳明之说体现出的是对生命本身的尊重，是将草亦看作有生命之物，而非单纯地从是否有知来判别人物差异。而在此基础上，他的解释也显露出理解人物关系的另外一个维度，此即自然生命的维度。我们不能完全以善恶等价值道德范畴理解人物关系，只能提醒人们要注意人作为自然界存在之一物的自然性。从现代生态视野来看，人既是精神性的存在，也是肉体性的自然存在。作为自然的一部分，人可以是与环境共处的有机物，捕食自然界中的动植物以维持生存，也正因此，人本身就是自然生态循环中的一部分，并不构成自然的威胁，并不是一种"恶"。作为精神性的存在者而言，王阳明则强调的是人要"无有作好，无有作恶"，而不要过度地、太过积极地介入自然、消费自然，破坏自然界的循环。如果说万物一体是人与自然相处的理想状态的话，那么强调"物无善恶"，进而注重人类自身之行为节制，则是实现和达到万物一体的途径或方式。

三、顽然之物亦有良知：杨起元融合
佛教思想的万物一体观探析

杨起元（1547—1599），祖籍广东归善，讳起元，字贞复，别号复所，为泰州学派代表人物，初从家学，自幼便接触江门陈白沙之学。后拜罗汝芳为师，其学问之"稍有所见"和终有所悟正是在师从罗汝芳后。[①] 其思想可谓融合了明代心学的两脉——白沙学、阳明学。也许正因为其学源出白沙、阳明，这也影响到了他日后学问融合儒释道，以良知范围三教的倾向。其所宗白沙、阳明生时皆被时人讥为禅，而《明史·儒林传》将杨起元与周汝登并论，亦以二者皆学不讳禅故也[②]。他将阳明心学的万物一体思想更往前推进一步，明确提出了顽然无知之物亦有良知的说法。

杨起元阐发万物一体说的文本依据亦主要是宋明理学所推崇的《大学》，他在阐发"格物"之意时，将"格物"之"格"解为"通"，格物即"己与物通一无二"，他说：

格亦有通彻之义，通而谓之格，犹治而谓之乱也，格物者，己与物通一无二也。如此则无物矣，有则滞，滞则不通，无则虚，虚则通。物本自无，人见其有，格物者，除其妄有，而归其本无也。归其本无，此谓知本。[③]

---

① 杨起元：《太史杨复所先生证学编》卷二，载《续修四库全书》1129册子部杂家类，上海古籍出版社2001年版，第373页。

② 《明史》列传第一百七十一，《儒林传二》，中华书局1974年版，第7276页。

③ 杨起元：《太史杨复所先生证学编》卷一，上海古籍出版社2001年版，第340页。

以万物一体说为据来解释"格物"，这一点在阳明学派中是发前人所未发。杨起元的这段话亦是在讲心物关系，与王阳明之讲心物关系有相通处。在王阳明看来，心体本虚，"心之本体原无一物"①。故他屡以明镜之应物无遗、太虚之中日月风雷皆流行无碍，来称说良知之发用流行无有滞碍。杨起元所谓"虚则通"，通而无滞，也正是形容心体的无滞碍境界。在这样的一种境界中，"天地万物无一而非我，覆是我覆，载是我载，生是我生，成是我成。飞是我飞，潜是我潜，动是我动，植是我植"②，正如王阳明所说："良知是造化的精灵，这些精灵，生天生地，成鬼成帝，皆从此出，真是与物无对。"③正因为天地万物无一无非我，所以才能取消对待，故谓之"与物无对"。关于"己与物通一无二"，王阳明在论述万物一体的"拔本塞源"论中就说过："其心学纯明，而有以全其万物一体之仁，故能精神流贯，志气通达，而无有乎人己之分，物我之间。"④"无有乎物我之间"便是"己与物通一无二"。但是，杨起元之说与王阳明有着根本上的不同，那就是，他所说"己与物通一无二"与王阳明的万物一体之仁的说法并不相应，反而与佛教的以心为万法根本、心物冥一的说法相应。

虽然，在杨起元的思想中，亦有和王阳明万物一体之仁类似的论述，如他曾解释《大学》的三纲领、八条目说："格物而穷其本其知本，知本则知止，知止之谓知至。知既至矣，然后明明德于天下之意可诚，所谓定也，然后合天下为一心，而心可正，所谓静也，然后通天下为一身，而身可修，所谓安也，然后家可齐，国可治，天下可平，所谓虑而得也。"解

---

① 《传习录》卷上，载《王阳明全集》，上海古籍出版社1992年版，第34页。
② 《证学编》卷一，第340页。
③ 《王阳明全集》，上海古籍出版社1992年版，第106页。
④ 《传习录》卷中，载《王阳明全集》，上海古籍出版社1992年版，第55页。

释《中庸》则说："天地万物一体，惟吾命之，天地自我而位，万物自我而育。"[①]这正是在强调"仁者"在万物一体之仁中的中心位置。故而强调"一体之仁"，这是杨起元万物一体义的一个层面，这一点很好地继承了王阳明的万物一体观。

而对于杨起元所说"物本自无，人见其有，格物者，除其妄有，而归其本无也"，从万物一体之仁的角度来讲却扞格难通。原因即在于，杨起元本即不是在此层面上讲的，而是从心性论层面谈论心物不二，"人见其有"，就是说外物的存在是人"见"的结果，并非是真实存在的，故而是妄有。而在王阳明的万物一体观中，并未曾在"心外无物"的意义上认为外物的存在就是妄有。故而杨起元之论不能不说与佛教理论有相关处。佛教认为"万法皆空"，万物的存在并无实在性。只是人有"无明"，执着于外在事物的存在，以为其有实在性。如在唯识学看来，"唯识无境"，外物皆是心识的变现，故而不是实在的。而禅宗"本来无一物"的说法亦是在说外物的存在没有实在性，是妄有，万物之本性皆为空，是缘起所生。故而杨起元对格物的解释，很可能是受了佛教影响。这表明，杨起元的万物一体观在王阳明万物一体之仁的这一层面之外尚有深受佛教思想影响的另外一个层面。这正是我们所要关注的。杨起元说：

> 吾人之心本属太虚，太虚何足之有，识此太虚无足之体谓之自足，而非果有一物以充足于其中也。此太虚无足之体，人人有之，日日用之，物物同之，未尝有一物一人一时间歇。[②]

---

① 杨起元：《太史杨复所先生证学编》卷一，上海古籍出版社2001年版，第357、358页。

② 杨起元：《太史杨复所先生证学编》卷二，上海古籍出版社2001年版，第367页。

正如上文所言，以太虚言良知与心体，这是阳明学派惯用的说法。杨起元在这段话中强调了良知的遍在性，即"人人有之，日日用之，物物同之"，无间于仁智圣愚。亦且通过"未尝有一物一人一时间歇"强调了良知本体的恒照性，用王阳明的话来说就是"良知未尝不明"①。杨起元说"物物同之"，万物皆具有"太虚无足之体"，这正是从本体论上论述了太虚之体遍在于包括人在内的一切事物中。但是，不得不说杨起元的这一思路，并非仅受王阳明之启发，而更多的当是受到了佛教众生皆有佛性的影响。杨起元说：

> 群生之性一也，而人物异趣，皆念为之也。物之念重而坚，人之念轻而圆，难于直达。故物中有转念之物，比于人中有达性之人。人性之达，必其有凤根，而又遇夫先觉。物念之转，亦必其有凤根而又遇佛。故鹦鹉、鸲鸽之能念佛，鸡之能听法华，牛之能睹金容，无足怪者②。至于舍利、金莲之类，皆其念之专确使之。虽未达性而德本植矣，此理之常也。③

杨起元引用了佛教典籍中的说法，认为有生之物如鸡、牛之类亦皆有性，亦能成佛。人与物之差别皆在于后天的"念"，物之念重，人之念

---

① 〔明〕王守仁：《传习录》卷中，载《王阳明全集》，上海古籍出版社1992年版，第61页。

② 此出自天台宗的《法华大成悬谈》，其中在言及"八传译感通"时谓："读诵、受持，有何感通？……言感通者，如李山龙日诵两卷，死见阎君，请谈一题，免众囚苦，则七日而苏。释道裕生读千遍，终告慧廓，埋地十年，舌根不坏，则起塔供养。严法华赎鼋放生，乌客五十，送钱还家。尼法信写经精诚，法师请讲，不见一字。窗鸡听法，立脱羽毛之状。山牛嗅经，坐亡戴角之形。若夫诵一行而消山岳之罪，闻一句而得菩提之果，事迹昭彰，备于传记，兹不繁引。"

③ 杨起元：《太史杨复所先生证学编》卷二，上海古籍出版社2001年版，第368页。

轻。但人与物在本性上并无差别。其言动物、舍利、金莲有念，鸡能听《法华经》等等，正是在说不论动物还是顽然无知之物，不论有情还是无情，亦皆有知。杨起元在另一处就直接说："有生之类，无不爱其身。然物之智不如人，人之智不如圣。"[1]显然，这一观点，已经距离王阳明之本意很远，以至引阳明学而入于禅也。若往前追溯的话，杨起元将人禽之辨的"几希"之处放在了"念"上，而不是"性"上，这与孟荀儒学的巨大差异自不待言。

杨起元还从天地万物皆是一气所生的宇宙论层面上进行论证，明确提出了草木瓦石也有良知的说法，他说：

天地之间，混然一气，生天生地，生人生物，自古及今，未之有易，故不独夫妇与其知能，鸢鱼草木以及顽然无知之物亦此知能也。……其愚夫圣人聪明睿智与天合一者，岂能有加于鸢鱼草木之外哉。而鸢鱼草木之知能又何尝不聪明睿智与天合一哉。若鸢鱼草木不聪明睿智与天合一，即不成其为鸢鱼草木。若圣人能有加于鸢鱼草木之外，又安在其为聪明睿智与天合一也。盖鸢鱼草木浑然一天也。圣人惟与鸢鱼草木一，是以与天一也。……吾与天地间愚夫愚妇、有情无情万感万应，真如鱼之在大江大湖，浑身皆水[2]……天地间万万，无一物不任其天，无一物待于省察，何独于人而异之，如谓物无待于省察，人有百感纷纭，始待于省察。物不能省察，人有心思念虑始能省察，是二之也。二之是妄见也。[3]

---

① 杨起元：《太史杨复所先生证学编》卷三，上海古籍出版社2001年版，第427页。

② 二程也说："天地安有内外？言天地之外，便是不识天地也。人之在天地，如鱼在水，不知有水，直待出水，方知动不得。"《二程集》，中华书局1981年版，第43页。

③ 杨起元：《太史杨复所先生证学编》卷二，上海古籍出版社2001年版，第389-390页。

以天地万物皆是混然一气所生，这正是阳明万物一体说的一个理论基础。王阳明曾说："你只在感应之几上看。岂但禽兽草木，虽天地也与我同体的，鬼神也与我同体的。我的灵明，便是天地鬼神的主宰……我的灵明离却天地鬼神万物，亦没有我的灵明。如此便是一气流通的。如何与他间隔得？"①上引杨起元语在后半段也是从人与天地万物之间的感应谈论万物一体，这正是继承了王阳明。但他进一步认为，与人一样，鸢鱼草木皆具有聪明睿智，具有不学而虑、不知而能的良知良能，正因其是不学而虑、不知而能，故而鸢鱼草木亦"无待于省察"便具有此知能，也就是说，鸢鱼草木、顽然无知之物本"不能省察"，但也不需要省察，便可具备与愚夫愚妇乃至圣人一样的聪明睿智。理学本对圣凡之别、人禽之别非常措意，即使是阳明亦是如此。然而在杨起元的这段话中，鸢鱼草木和圣人没有任何差别，岂不是将圣人视如草木之无知了！

如此一来，杨起元就在对阳明心学万物一体义的阐发中，一方面从"太虚无足之体"遍在于一切事物的本体论层面论述了"群生之性一也"，人与万物同具"太虚无足之体"；另一方面又从天地万物皆是一气所生的宇宙论层面上论述了人与万物同具知能。合而言之，他将阳明学中良知的遍在性这一点，发挥到了极致，甚至超出了阳明学乃至儒学所能容纳的范围。杨起元从天地万物皆是一气所生的宇宙论层面对顽然无知之物亦有知能进行的论证，与天台宗湛然对"无情有性"的论证几乎同致。杨起元正是认为"聪明睿智"遍在于宇宙万物，反对将鸢鱼草木、顽然无知之物与人看作不同的，认为这是"二之"的妄见。所以，杨起元顽然之物有聪明睿智的说法正是一种"无情有性"说。

综上，杨起元关于万物一体的论述，融摄了较多的佛教思想：一方

---

① 《王阳明全集》，上海古籍出版社1992年版，第124页。

面，引介佛教"心为万法根本"的思想论述"己与物通一无二"。另一方面，在论述万物皆有良知良能时，明确认为顽然无知之物亦有良知，又与天台宗的"无情有性"说一致。当阳明心学盛行之时，罗整庵（1465—1547）对于阳明的良知说有误解，提出疑问说："不知天地万物皆有此良知否乎？天之高也，未易骤窥，山河大地吾未见其有良知也；万物众多，未易遍举，草木金石吾未见其有良知也。"[①]若他看到杨起元之说，想必定会愕然一惊。不过，对于杨起元的这一论述也应看到其积极的一面，此即他通过吸纳佛教理论，进一步丰富了儒学视域内的"众生平等"意蕴。

儒、佛、道三家皆有其万物一体理论，其中佛、道二教的理论相通，认为一心为造化之源，心物合一。儒家的万物一体论虽然在先秦可以找到端倪，但真正流行却是在宋明时代，但从万物一体理论在宋代正式提出之始，就一直受到怀疑，怀疑其中杂有墨家或者佛老之学的成分。王阳明丰富而完备的万物一体理论建基于良知之上，由此其论述万物一体时的心外无物说，就与佛教的以真心佛性为万法依归的思想在结构上有了相似处，以致其"与草木瓦石为仁"的思想被学者误认为就是佛教的"无情有性"说。进至晚明，阳明后学泰州学派一系的杨起元则直接引阳明学而入于禅，提出了"顽然无知之物亦有良知"的说法。这一发展过程反映的正是宋明理学吸收和借鉴佛教思想逐步走向深入的一个过程。从先秦儒学的"亲亲仁民爱物"，到北宋理学的"民胞物与""万物一体"，再到王阳明的"物无善恶"，发展到杨起元的"顽然之物亦有知能"，明白显示出众生平等思想在儒学中的逐步推进。站在今天来看，儒、佛、道三家都是中华传统文化的组成部分，共同塑造了中华民族漫长的历史文化传统。因此，儒佛道三家的思想资源都理应成为我们今天面对人类所身处的生态环

---

① 罗钦顺：《困知记》附录，《答欧阳少司成崇一·又·乙未春》，中华书局1990年版，第123页。

境时所应借鉴和吸取的。西方生态学理论的主流是建基于主客二分的思维基础上，相较之下，中国思想中的儒释道三家都共有的万物一体的思想观念，或许才能真正奠立人和万物并生共育、和谐共生的生态学观念。

第九章　道家关于生态文明的智慧

道家之基本理论，虽非直接针对生态以及生态文明而发、而论、而议，但以今人之立场来看，道家实有关于生态及生态文明的理论。道家关于生态文明的理论与智慧主要包括三个方面的内容。一、道生物，万物平等的生态观念；二、法地、法天、法道，利而不害的生态伦理；三、知常、知止、知足，为而不争的人生态度。

一、道生物，万物平等的生态观念

天下万事万物从何而来，道家认为从道而来。道是万事万物的本根、本原。《老子》25章讲：

有物混成，先天地生。寂兮寥兮，独立而不改，周行而不殆。吾不知其名，字之曰道，强为之名曰大。[①]

有一个先于天地之前就已经存在的东西。它是天地得以产生、形成的原始的存在，是先于天地而在的存在，这个存在就是所谓的"道"。道不

---

① 朱谦之：《老子校释》，中华书局1984年版，第100-101页。

是一般的存在，更不是具体物的存在，道的基本品性是"大"。这里所谓的"大"，不是大小的"大"，而是无以复加的大，是无限之大，是无以类比的大。这样的大，其实也就是"太"，太就是无以复加。老子之后有了"太极"的概念。"极"本来就是到了极限，到了极处，在"极"之上再加上一个"太"字，那就是极之极了。但道不是太，也不是极，也不是太极，道更在太极之上。庄子就曾说，道"在太极之先而不为高"①。太极是可以言说的极限，而道更在太极之上。人们只有领会太极，才可能领会道；人们只有站在太极处，才可以知晓道。而道之上什么都没有，道之先什么都不存在。

道如何演化成为天地万物？《老子》42章讲：

道生一，一生二，二生三，三生万物。万物负阴而抱阳，冲气以为和。②

"道生一"，一者，太极也。太极分而为阴阳，此即所谓"一生二"；阴阳交互感应而形成既阴既阳的和，由此而有阴、阳、和，此即所谓"二生三"；万物就是由阴、阳、和三者交互感应和合而成的，此即所谓"三生万物"。所以，《淮南子》曰："道曰规，始于一，一而不生，故分而为阴阳，阴阳和合而万物生。"③（《淮南子·天文训》）天地万物都是由道化生而成的，人也是万物中的一物，这是道家关于宇宙演化的基本观点。

既然天地万物都是由道化生的，所以物与物之间本无高低贵贱的差

① 王先谦：《庄子集解》，中华书局1987年版，第60页。
② 朱谦之：《老子校释》，中华书局1984年版，第174页。
③ 《淮南鸿烈集解》，中华书局2013年版，第846页。

分。庄子即明确表示："以道观之，物无贵贱；以物观之，自贵而相贱；以俗观之，贵贱不在己。"①（《庄子·秋水》）物是物，人也是物，人只是天下万物中的一物。既是物，人并不比其他任何物更为高贵。庄子说："万物一齐。"②（《庄子·秋水》）从道家的观点看，万物天然齐一，万物天然平等，每一物有每一物存在的意义，每一物有每一物存在的价值，任何一物并非因为有利于他物或有利于人才有存在的价值和意义。《列子·说符》记曰：

> 齐田氏祖于庭，食客千人。中坐有献鱼雁者。田氏视之，乃叹曰："天之于民厚矣！殖五谷，生鱼鸟，以为之用。"众客和之如响。鲍氏之子年十二，预于次，进曰："不如君言。天地万物，与我并生，类也。类无贵贱，徒以小大智力而相制，迭相食；非相为而生之。人取可食者而食之，岂天本为人生之？且蚊蚋噆肤，虎狼食肉，非天本为蚊蚋生人、虎狼生肉者哉？"③

天地万物，与人并生，非相为而生之。人因为生存，取可食之物而食之，取可用之物而用之，但可食之物、可用之物并非为人而生，且如蚊蚋啮人肌肤，吸人血汗，不可谓人为蚊蚋而生一样。

人可以利用天下之物，但人不可以任意残害天下之物，人不能认为任意利用天下之物为理所当然，更不可认为天下之物本来就是供人使用的。因为人只是天下万物中之一物，没有什么力量授予人任意役使天下他物的权力，人没有得到这样的授权，任何事物、任何机构也没有给人颁布这

---

① 王先谦：《庄子集解》，中华书局1987年版，第142页。
② 王先谦：《庄子集解》，中华书局1987年版，第144页。
③ 杨伯峻：《列子集释》，中华书局1979年版，第269-270页。

样的授权。人只是天下万物中之一物，不仅不是天下的主人，不是天下万物的主人，甚至也不是天下的管家，不是天下万物的管家。人在对待他物（包括资源和环境）的态度上，应当心存敬畏，应当心存忌惮。人与天下万物的关系不是统治与被统治、奴役与被奴役、征服与被征服的关系，而是兄弟般亲善、友爱、和谐相处的关系。

如果说，人在天下万物之中能力最强，而能力最强却不能成为役使他物的理由，能力最强者更应当为天下和谐、和平做出最大的贡献，并因此而承担最大的责任。但不容否认的事实却是：人类并没有真正承担起自己应有的责任，而是为这个世界带来了深重而巨大的破坏以至于灾难。环境污染、空气污染、水质污染、水土流失、物种灭绝等等，人类为这个世界带来的灾难还少吗？

不仅如此，工业化更加剧了人与他物之间的紧张关系。牛不再被当作牛，而是被当作牛肉或牛奶的承载者而被制造出来的；鸡不再被当作鸡，而是被当作鸡肉或鸡蛋的承载者而被制造出来的。一头牛从出生到被宰杀，从来没有见过蓝天。它们一个挤着一个，没有转身的余地，在不见天日的牛棚里为牛场主生长牛肉，它们唯一的使命就是为牛场主生长更多更好的牛肉。奶牛的生长环境与状态并不比肉牛的生长环境与状态更好。肉牛的使命是长肉，奶牛的使命是产奶。在奶牛场里，奶牛由于没有空间做充足的运动，已经不能站立，而必须依靠吊带把它们吊起来。这样的牛还是牛吗？确实，在养牛场主的心目中，不管是肉牛还是奶牛，它们只是产肉或产奶的机器，它们根本就不是牛，它们从来也没有被当作牛看待。人有人道，牛有没有牛道？如此对待牛，是不是太不牛道了？人不能正确地对待牛，不能友善地对待其他生物，不仅没有尽到自己应有的责任，也因此而不能正确地认识和对待人类自己。只有当人把牛真正当成牛，对牛尽牛道，对一切生命心存敬畏，充分认识生命的神奇与伟大，人类才有可能找到自己在宇宙间的正确位置。佛教戒学第一戒即"不杀生"，其深层根源正在这里。人只是自然界的普通的一物，人类没有凌驾他物之上、欺凌他物的权利。

人类曾经不无自负地说："人是世界上最高贵的动物""人是理性的动物""人是会说话的动物""人是制造并使用工具的动物""人是社会的动物""人是符号的动物"，但是不容否认的是，"人是最为残忍的动物""人是制造垃圾的动物"，这是人类全体应当深刻反省的。

确实，人在世界上能力最强。但是，能力最强不能成为役使他物、破坏世界的理由，相反，能力最强因此而应当承担更大的责任，并且，人类也应当为自己所制造的垃圾、所制造的破坏承担应有的责任。地球生物共同体应当通过一项宣言，对人类的行为做出谴责，并要求人类做出应有的补偿。这是当今人类所应当具有的意识，也是从道家思想中所开发出来的意识。有了这种意识，才可能维持、维护天下长久的和谐与和平。其实，庄子所向往的正是这样一种人与万物和谐共处的和平景象：

至德之世，其行填填，其视颠颠。当是时也，山无蹊隧，泽无舟梁；万物群生，连属其乡；禽兽成群，草木遂长。是故禽兽可系羁而游，鸟鹊之巢可攀援而窥。夫至德之世，同与禽兽居，族与万物并。[1]（《庄子·马蹄》）

万物群生，禽兽成群，人与禽兽同居，禽兽可系羁而游，鸟鹊之巢可攀援而窥。天地万物皆由道而化生，"万物负阴而抱阳，冲气以为和。"[2]人与他物天然和平共处，自然界本来是如此和谐而和睦的，只是

---

[1] 王先谦：《庄子集解》，中华书局1987年版，第83页。
[2] 《淮南鸿烈集解》，中华书局2013年版，第219页。

由于人类过分使用暴力，方才破坏了自然界的和谐与和睦。

人类不是要对人类自己说："我们只有一个地球，地球是我们唯一的家，为了我们的子孙，而爱护我们的家园。"应当从道家思想中开发出一种意识：人只是万物中的一物，人对待他物应当心存敬畏、心存忌惮，人类不只是为了人类自身着想，而是要为天下万物的和谐与和睦着想，而是要为自然界的和谐与和平承担最大的责任。

二、法地、法天、法道，利而不害的生态伦理

天地万物由道而化生。对于人而言，既由道而化生，既与天下诸物和处共在，也就要自觉遵守道的原则，遵守自然界的生态法则，遵守自然界的生态伦理。自然界最高、最根本的生态伦理是什么？以道家的观点看，就是道。老子讲：

人法地，地法天，天法道，道法自然。[①]（《老子》第二十五章）

人法地，而地法天，天更法道，所以人不仅要法地、法天，而且理所当然，也要法道。

"人法地"。地者为何？作为与天相对的存在，地当是指地球、地理以及地理环境。《老子》一书讲地的文字并不多。第三十九章讲："地得一以宁。"[②]宁是地的基本特性，"人法地"，当然也要效法地的宁，亦即地的宁静、坦然。然而老子亦讲到水。

① 朱谦之：《老子校释》，中华书局1984年版，第103页。
② 朱谦之：《老子校释》，中华书局1984年版，第154页。

上善若水，水善利万物而不争，处众人之所恶，故几于道。[1]（《老子》第八章）

水有两个特点，一是"利万物"，即给万物带来好处，二是"不争"、处低。在老子看来，水因为有这样两个特点，故最接近于道。水离不开地，水同时也是地的最主要、亦最重要的因素。水的利万物而不争的特性可以看作地之理。"人法地"，也就要效法地利万物而不争的品性。

"地法天"。天者何若？天不只是头顶上的天空，也包括一切天然现成的事物。与少言地不同，老子多言及天。《老子》一书言"地"者有19次，而言"天"者达92次之多，其中言"天下"者60次，言"天道""天之道"者有7次。"天下"谓天下之物、天下之人。而天道如何？老子讲：

天之道，不争而善胜，不言而善应，不召而自来，繟然而善谋。[2]（《老子》第七十三章）
天之道，损有余而补不足。[3]（《老子》第七十七章）
天之道，利而不害。[4]（《老子》第八十一章）

"天之道"，是天地间最根本的准则、法则，而这一最根本的法则，在老子看来就是"不争"，就是"不言"，就是"损有余而补不足"，

---

① 朱谦之：《老子校释》，中华书局1984年版，第31页。
② 朱谦之：《老子校释》，中华书局1984年版，第287页。
③ 朱谦之：《老子校释》，中华书局1984年版，第299页。
④ 朱谦之：《老子校释》，中华书局1984年版，第312页。

就是"利而不害"，就是利万物而不是害万物。"人法地"，而"地法天"，人不仅应以地为法，亦当以天为法，亦当"法天"。人以"法天"的态度对待自然界，所应当具有的基本操守，就是"利而不害"，就是利万物而不是害万物。

"天法道"。道是万事万物的本根、本原，也是万事万物所应遵守、所应维护的根本。老子说："道者，万物之奥，善人之宝，不善人之所保。"[①]（《老子》第六十二章）"奥"既是含藏，也是蔽护。道是万事万物得以生养的根本，也是万事万物所应守护的根本。庄子曰：

> 夫道，有情有信，无为无形；可传而不可受，可得而不可见；自本自根，未有天地，自古以固存；神鬼神帝，生天生地；在太极之上而不为高，在六极之下而不为深，先天地生而不为久，长于上古而不为老。[②]（《庄子·大宗师》）

老子说："道可道，非常道。"[③]（《老子》第一章）可道之道，并非常道，常道不可道。"天法道"，而道不可道，道不可见、不可言。但道又体现于、显现于万事万物之中，体现于、显现于事事物物的兴、盛、衰、毁的变化之中，并且天之道、地之道、一物之为一物之道均是道的具体的显现，所以，遵道、守道、法道，首先即要遵天之道、遵地之道，首先即要法天之道、法地之道。所以，道教经典《阴符经》曰："观天之道，执天之行，尽矣。"[④]"法道"一方面可以通过法地之道、法天之

---

① 朱谦之：《老子校释》，中华书局1984年版，第252-253页。
② 王先谦：《庄子集解》，中华书局1987年版，第59页。
③ 朱谦之：《老子校释》，中华书局1984年版，第3页。
④ 王宗昱：《阴符经集成》，中华书局2019年版，第29页。

道得到彰明，另一方面也可以通过"道法自然"而得到彰明。"道法自然"，即道以自然为法。但在老子哲学中，"自然"并非一实存的事物，并非一实体性存在。"自"为自己，"然"为样态。"自然"亦即自生、自化、自成、自本自根。"自然"一词在中国古代，并不具有自然界之自然之义，而是自以为然、自得其然、自己使自己成其为如此，而无外力强迫之义。老子讲：

天长地久。天地所以能长且久者，以其不自生，故能长生。①（《老子》第七章）

天地所以能长久存在，就是因为它们不自私其生。不自私其生，就是"自然"。相反，自私自利，就是不自然。"不自生"，不自私其生，是天地的品格，是天地"自然"的表现。人以天地为法，就应当效法这种品格，就应当效法这种精神。庄子曰：

牛马四足，是谓天；落马首，穿牛鼻，是谓人。故曰：无以人灭天，无以故灭命，无以得殉名。谨守而勿失，是谓反其真。②（《庄子·秋水》）

"无以人灭天"，人类不应该为所欲为，应当切实遵守自然界的法则，应当切实遵守"道"所昭示的法则，应当"谨守"自己的道。

自然界的一切本来是自然而天成的，人类为了自身狭隘的利益，而破坏了自然界本来的秩序，破坏了自然界本来的生态平衡与生态和谐，这是

---

① 朱谦之：《老子校释》，中华书局1984年版，第29页。
② 王先谦：《庄子集解》，中华书局1987年版，第144页。

人类应当彻底反省的。人类对待自然界、对待自然物应当从"自私其生"的态度转化为"利而不害"的态度。人类应当认真地向自己提出一个问题：我们人类到底为宇宙、为自然界的一切事物带来了什么？如今人类面对自然界，所需要做的正是真切而真正地爱护自然界的一山一水、一草一木，并且不是出于人类自身利益的考虑，不是以占有者的身份和姿态，而是作为自然界事物兄长的身份和姿态，真诚无私地爱护自然界的事事物物。

三、知常、知止、知足，为而不争的人生态度

人类何以会对自然界的其他事物采取占有、征服以至于毁坏的做法和态度？此主要缘于人类自身欲望的膨胀，缘于人类的贪欲与不知足。老子针对此种情况，提出人类应当知常、知止、知足，应当"为而不争"。

"知常"即了解、把握、守住事物的根本、事物的真、事物的常。老子曰：

> 致虚极，守静笃。万物并作，吾以观复。夫物芸芸，各复归其根。归根曰静，静曰复命。复命曰常，知常曰明。不知常，妄作凶。[1]（《老子》第十六章）

事事物物样态各异，随时而变，顺时而枯、而荣、而盛、而衰，然其根本则是静而常安的。静而常安不仅是万事万物的根本，亦是万事万物的命。因为有这一根本，因为有如此的命，事物才得以存在，得以生发，得以成长，得以繁荣。所以万物都要"归其根"，都要"复命"。"归根"

---

[1] 朱谦之：《老子校释》，中华书局1984年版，第64-66页。

即回归至生命的本根，"复命"即复归性命的本真。而性命的本真则是静，"静曰复命"。能够守护住性命的本真，即"知常"。"复命曰常，知常曰明"。守护住自身性命的本真（亦即静），是谓"知常"。"知常"即"守静"，"守静"即"知常"，"知常"为"明"。"明"谓明了、明白、明达。相反，"不知常，妄作凶。"不"知常"，不能"守静"，任意作为，那一定是非常凶险的。

老子接着讲：

知常容，容乃公，公乃全，全乃天，天乃道，道乃久，没身不殆。[1]（《老子》第十六章）

"知常"则包容，包容则公正，公正则周全，周全则同乎天，同乎天则同乎道，同乎道则可以维持久远，并且永远没有危害、没有危险。殆，即危险、危害，"没身不殆"，即永生永世没有危险、没有危害。人们追求"没身不殆"，追求永世安祥，然而，"没身不殆"的关键是"知常"，而"知常"即"守静"。

庄子进一步发挥了老子的思想，在庄子看来：

夫虚静恬淡寂漠无为者，天地之本，而道德之至。[2]（《庄子·天道》）

虚静恬淡，是天地的根本，也是道德修为所要达到的终极之境。人首先要守住这一根本，没有守住这一根本，则要通过修为抵达这一根本。

① 朱谦之：《老子校释》，中华书局1984年版，第66-67页。
② 王先谦：《庄子集解》，中华书局1987年版，第114页。

在道家看来，人的心性本来是虚静恬淡的。《淮南子》说："人生而静，天之性也；感而后动，性之害也。"① （《淮南子·原道训》）又说："水之性真清，而土汩之；人性安静，而嗜欲乱之。"② （《淮南子·俶真训》）人之天性本来清静，外在之物，引发了人的欲望，使人产生过分的追求，从而迷失了自己的本性。老子讲：

五色令人目盲；五音令人耳聋；五味令人口爽；驰骋畋猎，令人心发狂；难得之货，令人行妨。③ （《老子》第十二章）

庄子也讲：

且夫失性有五：一曰五色乱目，使目不明；二曰五声乱耳，使耳不聪；三曰五臭薰鼻，困惾中颡；四曰五味浊口，使口厉爽；五曰趣舍滑心，使性飞扬。此五者，皆生之害也。④ （《庄子·天地》）

人类对于外物的追求，应当有一限度，应当适可而止。对于个体而言，是如此；对于人类总体而言，也是如此。放纵欲望，任意作为，不仅使人"行妨"，使人"心发狂"，而且一定给人带来巨大的危害。正因为如此，《文子》曰："古之为道者，理性情，治心术，养以和，持以适。"⑤ （《文子·九守·守易》）"养以和"，即保持心性的平和；"持以适"，即维持心性的中和与调适。

---

① 《淮南鸿烈集解》，中华书局2013年版，第10页。
② 《淮南鸿烈集解》，中华书局2013年版，第67页。
③ 朱谦之：《老子校释》，中华书局1984年版，第45-46页。
④ 王先谦：《庄子集解》，中华书局1987年版，第111页。
⑤ 王利器：《文子疏义》，中华书局2009年版，第138页。

保持心性的平和、中和与调适，是道家对于身心性命的基本态度。这一基本态度固然基于道家对于道的基本理解，即道本来就是"虚静恬淡寂漠无为"①的，但同时也体现了道家对于人生的基本态度。在道家看来，保持这一人生态度本不是一个问题，因为人生本来就是如此，本来就应当如此。人所应遵守的根本原则是道，而道所昭示的就是如此。所以，为何如此不是问题，如何如此才是问题。

如何才能保持心性的平和、中和与调适？道家的基本态度是"知止""知足"。保持心性的虚静、平和、和适，是谓"知常"；如何保持心性的虚静、平和、和适，则需要有"知止""知足"的态度。所以，道家在"知常"之外，又提倡"知止"与"知足"。

"知止"即知人的认识以至于人的能力、人的行为的界限、限度。老子说："知止不殆。"②（《老子》第四十四章）又说："知止可以不殆。"③（《老子》第三十二章）庄子更为明确地指出："吾生也有涯，而知也无涯。以有涯随无涯，殆已！"④（《庄子·养生主》）人要不使自己入于危险之境，即要知晓自己行为的限度，即要为自己的行为划定一个限度。

"知止"之外，道家还讲到"知足"。"知足"，即知晓满足。"知足"的反面是贪，是永不满足的贪得无厌。贪是人类最大的弱点，也是人类罪恶最大的根源。佛教将贪当作"三毒"之首。贪是从负面讲的，"知足"是从正面讲的。要克服贪，就要"知足"。老子说："祸莫大于不知足，咎莫大于欲得。"⑤（《老子》第四十六章）人因为行为不当，而会

---

① 王先谦：《庄子集解》，中华书局1987年版，第114页。
② 朱谦之：《老子校释》，中华书局1984年版，第180页。
③ 朱谦之：《老子校释》，中华书局1984年版，第131页。
④ 王先谦：《庄子集解》，中华书局1987年版，第28页。
⑤ 朱谦之：《老子校释》，中华书局1984年版，第186页。

招致各种各样的祸，但各种祸中最大的祸则在于"不知足"。因为"不知足"不仅是祸，并且必然招致其他的祸，如佛教所讲"三毒"的其他二毒：痴与嗔，都是由贪所引发的。因为"祸莫大于不知足"，所以，老子讲"知足不辱"①（《老子》第四十四章），"知足"者不会陷于屈辱。又讲"知足者富"②（《老子》第三十三章），懂得"知足"，才是一个富人。富人并非一定非常富有，而是有一种"知足"的态度。《论语》中孔子称赞卫公子荆，就是因为其知足。

子谓卫公子荆，"善居室。始有，曰：'苟合矣。'少有，曰：'苟完矣。'富有，曰：'苟美矣。'"③（《论语·子路》）

卫国公子荆很懂得知足，家始富有，感觉甚是良好；后有增加，感觉生活原来如此丰富；再有增加，感觉生活竟是这般美好。真正富有的人，是因为他们总是很知足。其实，富有不在将来，不在明天，就在当下。人在任何时候，都要有一种知足的感觉。

知止、知足而外，老子提倡"为而不争"。"圣人之道，为而不争。"④（《老子》第八十一章）"争"即争夺。争夺是千方百计、使出一切手段，将他人的东西或所有权未明的东西据为己有，是贪得无厌的具体表现；而"为"则是依靠自己的努力，获得自己所应该得到的。老子反对"争"，但老子并不反对"为"。老子赞扬水："水善利万物而不争。"⑤水有两种品质，一是利万物，二是不争。人向水学习，就应当

---

① 朱谦之：《老子校释》，中华书局1984年版，第180页。
② 朱谦之：《老子校释》，中华书局1984年版，第134页。
③ 程树德：《论语集释》，中华书局1990年版，第903页。
④ 朱谦之：《老子校释》，中华书局1984年版，第312页。
⑤ 朱谦之：《老子校释》，中华书局1984年版，第31页。

"利而不害"，"为而不争"。《老子》一书最后一章第八十一章最后的两句话是："天之道，利而不害；圣人之道，为而不争。"[①]"利而不害"，"为而不争"，是老子哲学的根本，是老子哲学的最后归宿。而此两者都是水德的具体表现。"上善若水，水善利万物而不争，处众人之所恶，故几于道。"[②]（《老子》第八章）人们以道为法，而道不可见，水则"几于道"，最接近于道，所以，人们以道为法，首先应当以水为法，首先应当向水学习。以水为法，向水学习，就应当"利而不害"，就应当"为而不争"。

人以知常、知止、知足、"为而不争"为基本的人生态度，自然可以处理好与万物的关系，自然不会以征服、占有、毁灭的态度对待其他物类。所以，人类首先应当守住自己的"道"，人类首先应当端正自己的人生态度，这是生态文明的基础，也是处理人与自然关系的前提。

第十章　中国哲学的和合理念与气候和合学的建构

人类仰仗空气而活，空气清新，人无疾而长寿，空气污染，人患病而死亡。它关系人类的生存死亡，也关系万物的生死存亡。空气与气候互相蕴涵。人类要在这个星球上生存下去，必须有合适的气候，这是人类基本的生存方式，若生活在雾霾中，人类终究要走向毁灭。不管你属于哪个国家、民族、种族、宗教、文明，共同呼吸着哪种被污染了的空气，人人均不可逃。气候具有公共性、普遍性、共有性、全面性，它影响人类生

---

① 朱谦之：《老子校释》，中华书局1984年版，第312页。
② 朱谦之：《老子校释》，中华书局1984年版，第31页。

存的方方面面，政治、经济、文化、科技、航天，以及各个领域和学科的发展。

一、气候新兴学科的兴起

就气候政治而言，它可以主宰国家、文明的兴衰和存亡。人类历史上辉煌一时的玛雅文明，其鼎盛与毁灭都与气候变化密切相关。雨量充足提高了农业系统生产力，导致人口膨胀，资源过度开采，随后出现越来越干旱的气候，导致资源枯竭，从而引发政治混乱和战争，锁定了玛雅文明毁灭的命运①。中国楼兰文明也由气候变化而导致其毁灭。今人在凭吊其文明遗址时，应深刻反思气候变化的巨大政治能量，它既可以造就一个文明，也可以毁灭一个文明。因而产生了"气候政治学"新兴学科②。

气候变化对世界经济产生巨大影响。据德国、荷兰、瑞士、芬兰等国研究人员共同组成的国际研究小组发现，欧洲若不采取有效应对措施，到2100年，由气候变化导致的欧洲森林经济损失将达到数千亿欧元。由政府间气候变化委员会（IPCC）的气候变化预估方案，因气候变化引起的植被分布变化将导致欧洲木材工业1900亿欧元的经济损失，而据其他三种气候变化预估方案，经济损失则最高达到6800亿欧元③，使经济建设受损。气候变暖将造成台风、飓风、干旱、洪涝灾害多发。几十年不遇的"桑

---

① 《玛雅文明毁灭确与干旱有关》，参见《参考消息》2012年2月25日和2012年11月10日。

② 气候政治学，兴起于21世纪初，主要研究国际政治、全球治理与气候变化之间的关系，气候与国家安全、社区治理以及政治哲学中的正义问题。代表人物：安东尼·吉登斯、大卫·希尔曼、约瑟夫·史密斯。代表作：［英］吉登斯：《气候变化的政治》，社会科学文献出版社2009年版；［澳］大卫·希尔曼、约瑟夫·史密斯：《气候变化的挑战与民主的失灵》，社会科学文献出版社2009年版。中国学者张海滨著有《气候变化与中国国家安全》，时事出版社于2010年出版。

③ 《气候变化将致欧洲巨额经济损失》，载《中国社会科学报》2012年10月17日。

迪"飓风，袭击美国东部，造成巨大的生命财产和经济损失。2012年，60年不遇的大旱使"非洲之角"的索马里、肯尼亚、吉布提、埃塞俄比亚大部地区受灾，1240万难民待援。据不完全统计，气候灾害年均造成经济损失2000余亿元①。于是在20世纪90年代初兴起了"气候经济学"新兴学科②，提倡发展经济应与气候变化相协调、相适应。

从社会学的视域以观气候变化，联合国气候报告草案显示，国际气候专家越来越认定人类对全球变暖、海平面上升和极端天气事件负有责任③。人类既是气候变暖的治理者，亦是其制造者。"每年地球上的人口会向大气中排放大约400亿吨二氧化碳"④。若按联合国环境规划署执行主任阿希姆·施泰纳估计2050年世界人口达到90亿，气候变暖制造者群体的扩大，必将增加气候变暖治理的难度。在南非德班召开的联合国气候变化框架公约第十七次缔约方大会的开幕式上，乍得总统代比说，乍得湖现在蓄水量不足储水能力的1/10，影响2亿人口的生存。南非水利和环境部长埃德纳·莫莱瓦说气候变化已给非洲造成了饥荒和冲突。与此同时，缺少饮用水、霍乱和疟疾等疾病带来的威胁正在增加和流行⑤。联合国机构绘制了全球变暖时代健康与气候交叉影响地图显示，自2005年以来，在撒哈拉沙漠以南非洲处于旱季时，每周脑膜炎发病病例增加，10年来，在这一个地区估计已导致2.5万人死亡；自1998年以来登革热的疫情在热带和

---

① 《人民政协报》2011年9月11日。

② 气候经济学主要研究气候对经济的影响，气候变化的经济学特征，以及经济学在理解和解决气候方面的作用等。代表作是尼古拉斯·斯特恩的《斯特恩报告》；[美]威廉·诺德豪斯：《均衡问题：全球变暖的政策选择》，王少国译，社会科学文献出版社2011年版。

③ 《专家认定人类活动导致全球变暖》，载《参考消息》2012年12月16日。

④ 《NASA拟用卫星监视各国碳排放》，载《参考消息》2015年5月19日。

⑤ 王硕：《博弈德班》，载《人民政协报》2011年12月1日。

亚热带地区处于暴雨季节时发病增加，每年导致大约1.5万人死亡①。气候变化直接危害全球人的生命，中国亦不例外，在政府出台的首个有毒化学品环境及健康风险防控规划称："近年来……有毒有害化学物质造成多起急性水、大气突发环境事件，多个地方出现饮用水危机，个别地区甚至出现癌症村等严重的健康和社会问题。"②譬如山东淄博金南村③。由于人为活动造成气候变化，从而危害人的生命存在最低限度的生存环境，带来种种疾病以及人的安居乐业。疾病患者陷于痛苦，一般居民在担惊受怕中度日，生活质量和幸福感下降，故本世纪初气候社会学兴起④。经历过疾病痛苦的人，无病是最珍贵、最幸福的。

若使气候政治学、气候经济学、气候社会学得以落实和实施，必须有法律体系的保障，使气候文明建设有法可守、可依、可用。当前务要改变气候文明无法可守、可依、可用的状况，世界各国为使人的生命须臾不可离的空气得到改善，应把多年来气候文明实践中所形成的成功有效经验和措施，转变为制定气候文明建设的法律法规；完善气候文明的标准体系，提升产业准入的能耗、水耗、物耗、环保、终端用能产品能效、建筑节能、汽车燃油经济性、低碳产品、废气排放等标准⑤。强化气候文明执法监督和执法机构的责任，全面提升公民气候文明法律保护意识和教育。

气候政治学、经济学、社会学、法学关系的协调以及其理论思维的指

---

① 《联合国绘制健康与气候关联图》，载《参考消息》2012年10月31日。

② 《环保部承认污染导致癌症村》，载《参考消息》2013年2月23日。

③ 《污染造成淄博村庄患癌症者增多》，载《参考消息》2013年4月5日。

④ 气候社会学以社会学的立场、观点和方法考察气候与社会互动关系，如气候变化给社会学的挑战、社会制度对气候的影响等。代表人物：乌尔里希·贝克、詹姆斯·加维。代表作：《为气候而变化：如何创造一种绿色现代性》《气候变换伦理学》，参见《中国社会科学报》2011年11月3日。

⑤ 参见解振华：《绿色发展：实现中国梦的重要保障》，载《光明日报》2013年4月15日。

导是气候哲学。气候哲学是指人类在反思自身在政、经、文、科技、社会各项活动中价值、伦理、公平、正义等的和合。它主张主客融合、会通，摒弃排斥性的主客二分；事实与价值互渗，而非截然对立；气候动变本身具有生命性、创造性，并非世界是简单的物理实在的总和及世界的根本规律；求真的真诚是探索真理的必要条件之一，逻辑程序是一种方法[①]。气候哲学具有现代性。

二、气候和合学的意蕴

气候变化系统既与政治、经济、文化、社会、科技等差分、冲突，又与其交织、融合。就其差分、冲突而言，有必要对气候变化系统作分门别类的研究；就其交织、融合而言，则有必要对气候变化作整体完善研究。前者是殊相的、多元的，后者是共相的、一体的，犹如中国哲学上讲的"理一分殊"。就其分门别类的殊相多元进路来说，是试图通过各气候变化具体学科的探索，使气候变化与各学科的发展相协调、相平衡，避免由冲突带来的损害，这是一种"逆向"的方法；就其共相一体来说，是试图通过各学科关系的梳理，探究其宗旨的共相，以寻求化解气候变化所造成的冲突与危机，这是一条"顺向"的方法。

气候和合学探索统摄共相与殊相、多元与一体，以建构气候变化何以与自然科学、人文社会各学科的联系、冲突与融合，其影响、作用如何，气候和合何以可能等。

所谓气候和合学是指气候动变与社会政治、经济、文化、伦理、法律、科技、宗教等诸多形相、无形相的冲突、融合，以及在冲突融合而和合智慧的指导下化解诸多形相、无形相的冲突危机，而获得通体的平衡、

---

① 参见卢风：《生态文明建设的哲学依据》，载《光明日报》2013年1月29日。

协调、和谐。

气候动变与社会政、经、文、法等，都是一种形相、无形相的质能现象，质能现象便具多质能，所以有差分，差分而异，异而有冲突，包括自身的与相互间的。冲突是对既有质能现象或结构形式的突破、破坏，也是对固有秩序结构、秩序方式的冲击、打散。由其无构、无序、无式而需重建结构、秩序、方式、形式。

重建的过程就是"融合"，"融"有明亮、融化、流通、和谐的意思；"合"有融洽、聚合、符合、合作的含义。融合是指气候动变与社会各学科的质能现象在其差分或继存过程中，它们各自的生命潜能、力量、价值、交往均有赖于多方聚会、会通、充实和支援。融合在差分、冲突中实现，无差分、冲突，何以融合？融合的生命必与冲突相关。即使是气候本身，其冲突的内涵和表现形式亦是多样的。譬如"天有六气，降生五味，发为五色，徵为五声，淫生六疾"[①]。其形相产生的质能现象的效果与影响亦差分，其冲突的形式亦异，融合的形式也殊。如六气"分为四时，序为五节，过则为灾"[②]。气候动变的多样、多元性，其气候和合学回应、化解的方法也非单一、一元性。气候和合学统摄了冲突与融合，作为冲突融合的和合体，是一种超拔和提升，使原来的冲突融合进入一个新的领域或境界，而获得继续发展的价值。

"天地万物本吾一体者也"[③]，王守仁所言与朱熹所说"盖天地万

① 六气为阴、阳、风、雨、晦、明；五味为辛、酸、咸、苦、甘；五色为白、青、黑、赤、黄；五声为宫、商、角、徵、羽；六疾为寒、热、末、复、惑、心。均见《昭公元年》，杨伯峻：《春秋左传注》，中华书局1981年版，第1222页。

② 杨伯峻：《春秋左传注》，中华书局1981年版，第1222页。

③ 〔明〕王守仁：《传习录·中》，《王阳明全集》，上海古籍出版社1992年版，第79页。

物本吾一体"①同，气候动变对于天地万物以及人类的影响和作用是一体的、共同的，一损俱损，一荣俱荣，这便是气候和合学之所以能统摄错综复杂的气候动变与自然、人文社会各学科的根据所在。由于气候动变的"天地万物本吾一体"的一体性，构成了"其视天下犹一家"的人类命运共同体，便赋予世界各国、各民族、各宗教以共同应对、化解气候动变危机的责任和义务，严格遵守与实施其责任与义务，需放弃其既得利益或个体利益，而不顾人类的公共利益和世界利益的行为，维护人类命运共同体利益，也就是"天下犹一家"的利益，这便是气候和合学所欲要的气候动变的和生、和处、和立、和达、和爱的"和利"。

气候和合学实现"和利"的过程，是在气候动变中冲突融合而由和合智慧指导下实施的。这个实施是通过自然选择的过程。尽管诸多形相、无形相在气候动变中的大小、强弱、优劣不同，其在不同时代、不同民族、不同个体，由于其价值观的差异，其价值标准亦分殊，对何谓大小、强弱、优劣，可以做出截然相对或相反的判断。如何做到公平、公正，这是能否维护在气候动变中保障人类命运共同体利益的价值原则。此价值原则可分为两个层次：一是现实层面，即公平、正义、合理；二是超越层面，即真、善、美。

所谓公平，是指人们基于某些共同点来衡量气候动变中对于满足人类和自然、社会共同的基本需求，以及实现人类和自然、社会共同合作双赢、发展繁荣所达到的认同水平。公平不是先入为主或先确立某种价值观，而是在气候动变中各形相、无形相以及各方，都应遵守"以他平他谓之和"②的原则，各方的他与他者之间都以机会、权利、规则平等地参与

---

① 〔宋〕朱熹：《中庸章句》第一章，《四书章句集注》，中华书局1983年版，第18页。

② 徐元诰：《国语集解》卷十六，中华书局2002年版，第470页。

气候动变的"和利"建设。这种平等是彼此间具有尊严和独立品格的互相尊重、理解和信任，而不被外在的权威所控制和威胁，也不被内在的某种绝对理性、绝对价值所左右和支配。这是气候动变的公度原则，是符合全人类整体利益，有利于人类永续发展的。

正义在古希腊亚里士多德那里，主要指人的行为。从气候和合学视阈而观，是指从气候动变整体角度，协调、化解气候动变中诸形相、无形相之间的不正义，及由于各种原因而造成的不平等、不公平现象，除去由于自然、社会、人际、心灵等偶然任意因素，而造成于气候动变对某些形相、无形相不公平、不合理的选择。气候动变的正义原则，包括平等自由原则、机会公正原则、机遇公平原则、合作共赢原则以及互相间的会通、融合。就正义的平等自由原则而言，每一形相、无形相对他者的形相、无形相拥有最广泛的基本自由体系兼容的类似自由体系，都应有一种平等的权利；就正义的机会公正原则而言，气候动变中的诸形相、无形相以及参与各方在碳排放空间的分配正义公正、国际气候、国际气候的正义公正，即包括当代人之间、当代人与未来人之间的气候正义公正，在融突而和合中，使最少受惠者能获得最大参与气候和合的机会，使气候动变正义公正得以发扬光大；就正义的机遇公平原则而言，当发达国家把高排放、高污染的企业、工厂转移到发展中国家，而造成气候动变时，却把责任推给发展中国家，发达国家享受消费发展中国家的产品，造成不公平现象，生产与消费应该机遇公平，责任义务与共，使正义公平原则得以贯彻；就正义合作共赢原则而言，发达国家与发展中国家应该相互借鉴、会通、学习、交流、融合，实现互利互惠，合作共赢。发达国家先进环保技术应支持发展中国家，共同维护地球气候动变，维护命运共同体利益。

合理是指对于气候动变中的诸形相、无形相以及其价值原则、气候伦理的选择是合乎道理、事理、群理、和理的，是唯变所适于自然、社会、人际、心灵及文明所需要而做出的选择。它在气候动变中诸形相、无形相的选择中，获得自然、社会、人际以及气候需求的制约、协调、调剂功能；它能排除外来干扰，或一切非理的选择。合理选择使公平、公正、正义原则得以贯彻或实现。和理就是合乎理性的、理智的、公正的、平等的规则和原理，排除感性的、偏见的、私欲的、等级的规则和原理。我们要立足于全球未来的维度，使气候动变向真、善、美方向发展。

真是指真实，即真实的或的的确确的。如气候动变的真实性质、状况，而不是假的、伪的。真不是官觉或官能所私有或主观的，所以是实，实即具有客观性，它不仅是现象层面的客观性，而且是内涵意蕴层面的客观性。发达国家与发展中国家在气候动变中应该根据实际情况与能力，采取共同但有区别分阶段应对原则。唯有如此，才能做出正确应对之方以及救治之策，做到名与实相符。这个正确应对、救治气候动变之方之策的真，是一种理解方式和认知方式的过程，真与假、伪相对待，求真才能做到实事求是，实事求是的目标便是求真。

善有吉、好、正的意思。善是指吉祥、美好、公正、正义的价值体系和合乎道德原则的事或行为，"人之初，性本善。性相近，习相远"。儒家孔孟主张人性善。孔子在回答季康子问政时说："子为政，焉用杀？子欲善而民善矣。"（《论语·颜渊》）您治国理政，为什么要从事杀戮？您想用善政治理国家，百姓也会从善。孟子认为，善是人通过道德修养活动而实现所追求的目标，"穷则独善其身，达则兼善天下"（《孟子·尽心上》）。从个人的独善扩展到兼善天下，这是一种救世、救天下的情怀。在全球气候变坏的情境下，各国、各民族、各宗教团体，应超越独善其身，而共同合作，兼善天下，才能化解气候动变的危机，创造一个完善美好的生存环境。

气候和合学不仅主张唯有和平合作，才能实现兼善天下，而且倡导创造一个美的艺术境界。气候和合学所谓美的艺术境界首要是对生命的尊重，是生命在瞬间的愤怒、悲哀、忧郁、焦虑、苦恼、微笑、快乐的艺术情感的强化。从东汉"弋射收获"画象砖的刚健有力的弋射动态中，可感悟到人的有意识、有目的生命活动和人在劳动实践中实现了人的自觉及人的力量；从阿炳的《二泉映月》中，我们可以领悟到生命搏动和与命运抗争的旋律；从张旭的《古诗四帖》《肚痛帖》的迅疾奔放、连绵萦绕、翻腾跌宕、奇诡多变的笔迹中，可以体会到笔的挥洒和生命内在律动的融合，强烈喷发出生命的情感。美是生命情感的感受，是生命存在所需的天蓝地绿、气新水清的审美价值要求。气候的动变应把人类带入"以大和为至乐"之美的艺术境界。在"大和"境界中的"至乐"，是一种超越气候动变的质能现象和食色欲相的满足，而达到精神自由、"从心所欲"的至善至美的气候动变的"大和"之境。

气候和合学的价值原则和目标，便是公平、正义、合理和真、善、美。这是对于困囿于气候动变危机的主体精神和道德心灵的解放，具有超私欲、私利的特征，唯有胸怀公心、善心、真心、美心，才能美人之美，美美与共，共享气候动变的美好、和美的生态。努力建设美丽中国、美丽世界，为世界人民创造福祉。

三、气候和合学的建设

在气候动变中形成人与自然、社会、人际、心灵、文明的诸多冲突危机之际，如何落实建设美丽中国、美丽世界之时，气候和合学发挥其智能创造性，以和合学理论思维为主旨，以经济为基础、以政治为机制、以道德为规范、以制度为保障，创新气候动变建设。

气候和合学理论思维价值主旨是达致自然、社会、人际、心灵、文明间的和合。人类在尊重自然、顺应自然、保护自然中，应以自然是养育人类父母的心情，敬畏、赡养人类的父母。"乾称父，坤称母……故天地之塞，吾其体，天地之帅，吾其性"[①]。《周易·说卦传》称乾为天，坤为地。天地自然构成人的身体与天性。气候动变作为天地自然质能现象的生命体，应遵循和生原理，以"天地之大德曰生"，"和实生物"为原则。若气候动变正常，风调雨顺，万物丰长。若气候动变恶劣，南涝北旱，戕害生物。天地万物既为生命体，气候动变也为生命体，人类基本道德是尊重生命，各生命体应和谐共处，"万物并育而不相害"的和处，若不遵守和处原理，气候动变可能引起社会动乱。人类与气候动变应遵守和立原则，"己欲立而立人"，人类的建功立业与气候动变密切相关，天时地利，事业成功，天时突变，就能毁灭事业。人类的发展发达亦与气候动变相关联，玛雅文明发展与衰落，气候动变是主因，应遵循和达原则。气候动变既然是决定人类命运的原因之一，人类应以"仁民爱物""民胞物与"的胸怀，尊重气候，爱护气候，保护气候，实现人类永续发展，而生生不息。

一是开放包容，认同共识。在人类共同面临气候动变严峻危机之时，为人类命运共同体的利益和福祉，提升人类气候文明意识，增强开放包容精神，如在治理气候动变时先进的、发达的与不先进、不发达的国家，应相互包容，而不是排斥；互相交流，而不是封锁。唯有世界各国、各地区共同治理，才能化解气候动变危机。一国的先进、发达，不能也不可能治理世界的气候动变，所以必须凝聚共识，共同治理。在当前分学科研究治理的情况下，必须认同共识，培育气候政治学、经济学、社会学、伦理学、法学、哲学的融突和合，使其成为人类的自觉意识和价值观的重要内容，引导全球以气候文明指导公众的生活方式，成为现代公共体系，全球

---

① 《张载集》，中华书局1978年版，第62页。

气候动变大系统共同应对治理。这是气候和合学为主旨的思想建设，并继承和发展各国与中华优秀思想文化中气候文明的资源，提高世界公民的认识，自觉意识到气候文明建设人人有责，是对人人有益的千秋大业，不能以个体或某个国家之利，而干扰气候文明建设。

二是和合经济，节能减排。必须培育有利于气候动变的经济发展模式。在气候和合学指导下的经济发展模式，即为和合经济学[①]模式。和合经济学旨在协调、和谐、融突人类与自然、社会、人际、心灵、文明间的物质、能量、信息交换关系，以化解人类衣、食、住、行、用等的冲突和紧张。和合经济学的逻辑结构具有三种基本类型和六种基本学科。再生型经济和合体（生存世界）：中和经济学与环境经济学；互利型经济和合体（意义世界）：制度经济学与结构经济学；创新型经济和合体（可能世界）：信息经济学与虚拟经济学。气候经济学可融入环境经济学。在当前要优化产业结构，发展绿色环保产业；要协调节能减排，开展低碳行动，执行建筑等行业节能标准，推广新能源交通运输装备；发展循环经济，构建覆盖全社会的资源循环利用体系；节约集约利用水、土地、矿产等资源，加强全程管理，降低资源消耗程度[②]。改善空气质量，大力治理雾霾，避免对人类和万物生命带来威胁。和合经济学既促进经济发展，又使人人都能呼吸到清新空气，以造福人类。

三是合作共赢，诚信协商。必须加强各国政府和合治理气候动变的效能。气候动变超越国界，影响全球，必须各国、各团体、各企业、各组织诚信协商、团结合作，以应对、治理、化解气候动变的威胁。一国、一

---

① 参见张立文：《形下和合与和合经济学》，载《和合学—21世纪文化战略的构想》，中国人民大学出版社2006年，第721-772页，首都师范大学出版1996年，第883-945页。

② 参见《中共中央国务院关于加快推进生态文明建设的意见》，载《光明日报》2015年5月6日。

方不能、也不可能治理全球气候动变问题。当前气候动变已对人类的生命财产、日常生活、经济发展、环境污染等带来严重危机。如果全球气温上升4℃，人类将面临沿海城市被淹没、食品短缺、干旱加剧等灾害①。当下国民生活在"幸福的坟墓"中，既没有"免疫力"，也逃不脱。面对气候动变的紧迫性、危急性，各国政府应放下自己一国之利，放眼全球，加强合作，唯有合作，才能获得共赢，各国应以谋人类命运共同体之利的胸怀，无私开展互帮互助，以"己欲立而立人，己欲达而达人"的己立立人、己达达人的精神，共同为化解气候动变尽心尽力。但由于各国发展阶段、技术水平、管理能力的差别，其治理气候动变的力度也差分，如何在气候国际会议上加以公平、正义、合理的协调，既明确气候动变治理是所有国家的主体责任，与各国政府的基本义务，也承认有差别、分阶段地努力实现的现实。以充分发挥各方面力量与效能，而有利于后嗣。

四是道德义务，物我一体。必须修养气候动变道德良知和德性人格。《大学》讲格致诚正，修齐治平，强调"自天子以至于庶人，壹是皆以修身为本"。修身是实践"内圣外王"的关节点。"内圣"在于加强道德良知的修养，"外王"要以"王道"精神治理气候动变危机。在"生态兴则文明兴，生态衰则文明衰"的时代，与人类生态道德价值观严重失落和道德工具理性片面膨胀的时下，必须重建生态、气候价值体系以及道德关系，必须用和合人文道德良知精神挽救人类极端自利化的道德工具理性，实现人类和自然生态的气候动变道德和合。其气候动变和合的道德价值原则：首先，内外不二的公正道德价值原则。要求在人类与气候动变的关系中，行为与责任、权利与义务、地位与作用之间，遵循正直、合理、适

① 美国国家海洋和大气管理局2015年5月6日发布，当年3月份全球范围内监测的大气中二氧化碳浓度达到创记录的水平，第一次超过400PPM，这是全球变暖的重要事件（《全球二氧化碳浓度首超400PPM》，《参考消息》2015年5月8日报导）。这是对全球发出严厉的警告；若继续下去，人类唯有走向时时刻刻呼吸毒气的时代。

宜，即互相尊重对方的生态规律，共同爱护天地万物与人类的生命存在，相互努力共建人类自然生态家园和气候文明环境。"投我以桃，报之以李"。换言之，公正道德价值原则便是天人交泰的道德基础和伦理前提。其次，物我一体的无私道德价值原则。自然生态、气候动变在最深层、最底层意义上，人类与万物性理合一，气质圆通，便要求人类的道德意识、道德心理应当以自然天地万物生命为胸怀，以参赞化育自然万物为己任。这就是说人类应当具备一颗"仁民爱物"之德心、爱心。仁的"生生之德"流行不息，便是大爱流行，普惠人类万物。再次，责利圆融的平等道德价值原则。人类作为智能主体是道德权利与责任、道德期望与奉献的和合体。人类与气候动变朝夕相处，若能自觉按公正、无私、平等道德价值原则认知与践行，就能人文化成、天人同伦、物我同乐，否则气候恶化、天人反目、物我成敌、生意丕塞、人物毁灭。人类与气候动变同呼吸、同命运、同生死[1]。在公正道德价值、无私道德价值、平等道德价值三原则基础上，升华为"生态人"，使人格生态化，培育德性气候人格，它包括法权、心理、道德人格等内涵。

五是有制可循，依法治气。必须加紧气候动变监管体制机制建设。气候文明体制机制建设是气候文明建设的重要保障，它为其提供了规范标准、监督约制、价值导向的力度。首先是促进气候文明的民主机制建设，发挥各国民众自觉参与气候文明建设的积极性和主体作用，使民众具有气候文明建设的参与权、知情权、监督权、决策权，使气候文明建设既充满活力，又满足民众的需求；其次，气候文明法制建设，完善法律法规体系，摒弃、清理各法律法规不利于气候文明建设的法规、条约，各国、各

---

① 参见张立文：《道德和合与和合伦理学·人对自然的道德责任》，中国人民大学出版社2006年版，第565-587页，《和合学—21世纪文化战略的构想》，首都师范大学出版社1996年版，690-705页。

级领导应起楷模作用，并加强法律监督、行政监察、舆论和民众监督，坚决追究有法不依、违法不究、执法不严的责任查处制度；再次，建立责任评价考核制度，使之具有科学性、完整性、严密性、可操作性。建立基本管理制度、资源有偿使用和气候生态补偿机制、科技创新机制、资金投入机制等；最后，积极推进气候动变的国际合作机制，全球共同面临气候动变严峻挑战和全球灾难，营造气候文明是各国、各民族、各宗教的利益聚合点，发扬各方和谐包容、坦诚互助、互利共赢、合作发展的精神，加强世界各国之间互相借鉴、交流、学习，提升应对、化解气候动变威胁的能力和水平。

气候和合学的宗旨是和平、发展、合作、共赢，为世界人民谋福祉。科学证明，气候动变所造成的危害，责任在人类自己。人类要继续在这个星球上生活下去，就必须克制、约束自己。"克己复礼为仁"，克服人类自己的私心、私欲、任性、恶性的膨胀，恢复或重建"礼义之邦"的道德规范和尊重、敬畏、爱护天地自然的礼仪，弘扬中华民族"王道"的仁爱精神和"道法自然"精神，使气候文明建设成为最公平的公共产品和普惠的民生福祉。气候和合学将为世界人民奉上气清、天蓝、地绿、水净的美丽家园。

参考文献

原典类

［1］蔡沈.书集传［M］.南京：凤凰出版社，2010.

［2］陈鼓应.黄帝四经今注今译［M］.台北：台湾商务印书馆，1995.

［3］陈立.白虎通疏证［M］.北京：中华书局，1994.

［4］程树德.论语集释［M］.北京：中华书局，1990.

［5］二程集［M］.北京：中华书局，1981.

［6］戴震集［M］.汤志钧，点校.上海：上海古籍出版社，1980.

［7］汉书［M］.北京：中华书局，1962.

［8］何宁.淮南子集解［M］.北京：中华书局，1998.

［9］黄怀信，等.逸周书汇校集注［M］.上海：上海古籍出版社，2007.

［10］孔颖达.礼记正义［M］.北京：北京大学出版社，1999.

［11］孔颖达.周易正义，阮刻《十三经注疏》［M］.台北：艺文印书
馆，1965.

［12］孔颖达.尚书正义，阮刻《十三经注疏》［M］.台北：艺文印书
馆，1965.

［13］老子道德经河上公章句［M］.北京：中华书局，1993.

［14］黎靖德.朱子语类［M］.北京：中华书局，1986.

［15］李贽文集［M］.北京：社会科学文献出版社，2000.

［16］刘文典.淮南鸿烈集解［M］.北京：中华书局，2013.

［17］楼宇烈.王弼集校释［M］.北京：中华书局，1980.

［18］柳宗元集［M］.北京：中华书局，1979.

［19］罗钦顺.困知记［M］.北京：中华书局，1990.

［20］《明史》列传第一百七十一，《儒林》传二［M］.北京：中华书局，1974.

［21］屈守元.韩诗外传笺疏［M］.成都：巴蜀书社，1996.

［22］石峻，等.中国佛教思想资料选编：第2卷第4册［M］.北京：中华书局，1983.

［23］司马光.温国文正司马公文集：卷七十一［M］.《四部丛刊初编》集部.

［24］宋史［M］.北京：中华书局，1985.

［25］王先谦.庄子集解［M］.北京：中华书局，1987.

［26］王先谦.荀子集解［M］.北京：中华书局，1988.

［27］王利器.文子疏义［M］.北京：中华书局，2009.

［28］王阳明全集［M］.上海：上海古籍出版社，1992.

［29］王畿集［M］.南京：凤凰出版社，2007.

［30］王宗昱.阴符经集成［M］.北京：中华书局，2019.

［31］徐元诰.国语集解：卷16［M］.北京：中华书局，2002.

［32］荀子新注［M］.北京：中华书局，1979.

［33］杨伯峻.列子集释［M］.北京：中华书局，1979.

［34］杨伯峻.春秋左传注［M］.北京：中华书局，1981.

［35］杨起元.太史杨复所先生证学编：卷二，《续修四库全书》1129册子部杂家类［M］.上海：上海古籍出版社，2001.

［36］张载集［M］.北京：中华书局，1978.

［37］张子全书［M］.林乐昌，编校.西安：西北大学出版社，2015.

［38］肇论校释［M］.北京：中华书局，2010.

［39］朱熹.四书或问［M］.上海：上海古籍出版社，2001.

［40］朱熹.周易本义［M］.北京：北京大学出版社，1992.

［41］朱熹.四书章句集注［M］.北京：中华书局，1983.

［42］朱熹.朱文公文集：卷十四［M］.《四部丛刊》本.

［43］朱谦之.老子校释［M］.中华书局，1984.

著作类

［1］［英］安东尼·吉登斯.气候变化的政治［M］.曹荣湘，译.北京：
社会科学文献出版社，2009.

［2］北京大学哲学系中国哲学史教研室.中国哲学史［M］.北京：中华书局，1980.

［3］［美］布鲁斯·马兹利什.文明及其内涵［M］.汪辉，译.刘文明，校.北京：商务印书馆，2017.

［4］蔡元培.中国伦理学史［M］.北京：团结出版社，2007.

［5］陈鼓应.管子四篇诠释［M］.北京：商务印书馆，2006.

［6］陈来.朱子哲学研究［M］.上海：华东师范大学出版社，2008.

［7］陈荣捷.王阳明与禅［M］.台北：学生书局，1984.

［8］陈荣捷.近思录详注集评［M］.上海：华东师范大学出版社，2007.

［9］陈少峰.中国伦理学史：上［M］.北京：北京大学出版社，1996.

［10］［日］池田知久.道家思想的新研究：以庄子为中心［M］.王启发，曹峰，译.郑州：中州古籍出版社，2009.

［11］［澳］大卫·希尔曼，约瑟夫·史密斯.气候变化的挑战与民主的失灵［M］.武锡申，李楠，译.北京：社会科学文献出版社，2009.

［12］［日］岛田虔次.中国思想史研究［M］.上海：上海古籍出版社，

2009.

［13］邓小平文选:1975 –1982［M］.北京：人民出版社，1983.

［14］邓晓芒.康德哲学诸问题［M］.北京：文津出版社，2019.

［15］［美］狄百瑞.儒家的困境［M］.黄水婴译，北京：北京大学出版社，2009.

［16］［美］杜威.经验与自然［M］.傅统先，译.北京：商务印书馆，1960.

［17］范寿康.中国哲学史通论［M］.北京：生活·读书·新知三联书店，1983.

［18］方立天.中国佛教哲学要义［M］.北京：中国人民大学出版社，2006.

［19］冯友兰.中国哲学史［M］.北京：中华书局，1961.

［20］冯友兰.三松堂自序［M］.北京：生活·读书·新知三联书店，1984.

［21］冯友兰.新理学［M］.上海：商务印书馆，1939.

［22］冯友兰.新事论［M］.上海：商务印书馆，1940.

［23］贺麟.当代中国哲学［M］.南京：胜利出版社，1947.

［24］侯外庐.中国早期启蒙思想史［M］.北京：人民出版社，1958.

［25］胡适.中国哲学史大纲［M］.上海：商务印书馆，1919.

［26］John Dewey. *The Middle Works （MW）: 1899–1924*［M］. ed. by Jo Ann Boydston （1976–1983）, 15 volumes, Carbondale, IL: Southern Illinois University Press, 2008.

［27］John Dewey. *The Essential Dewey*, Volume 2, Ethics, Logic, Psychology［M］. ed. by Larry A. Hickman and Thomas M. Alexander. Bloomington and Indianapolis: Indiana University Press, 1998.

［28］John Dewey. Experience and Nature， Open Court， La Salle，
    Illinois， 1925.

［29］John Dewey. *Art as Experience*［M］. New York: Perigee Books，
    1934.

［30］Joseph Grange， John Dewey. *Confucius， and Global Philosophy*
    ［M］. Ames. Albany:State University of New York Press， 2004.

［31］［德］康德.历史理性批判文集［M］.何兆武，译.北京：商务印书
    馆，2015.

［32］李泽厚.论语今读［M］.合肥：安徽文艺出版社，1998.

［33］梁启超.清代学术概论［M］.北京：中国人民大学出版社，2004.

［34］梁漱溟.忆往谈旧录［M］.北京：中国文史出版社，1987.

［35］梁韦弦.程氏易传导读［M］.济南：齐鲁书社，2003.

［36］柳存仁.和风堂文集［M］.上海：上海古籍出版社，1991.

［37］张海滨.气候变化与中国国家安全［M］.北京：时事出版社，2010.

［38］［苏联］罗森塔尔·尤金.简明哲学辞典［M］.北京：人民出版
    社，1959.

［39］马恒君.论语正宗［M］.北京：华夏出版社，2007.

［40］马一浮集:第1册［M］.杭州：浙江古籍出版社，浙江教育出版社，
    1996.

［41］On-Cho Ng关于"关系性自我 relational self"的相关学术成果，
    伍安祖， *"The Confucian Ethics of Being and Non-Being，" in
    Deconstruction and the Ethical in Asian Thought*［M］. ed. by Youru
    Wang， London and New York: Routledge， 2007.

［42］彭永捷.朱陆之辩:朱熹、陆九渊哲学比较研究［M］.北京：人民出
    版社，2002.

［43］钱穆.宋明理学概述［M］.北京：九州出版社，2010.

［44］钱穆.庄子纂笺［M］.北京：生活·读书·新知三联书店，2010.

［45］全增嘏.西方哲学史［M］.上海：上海人民出版社，1983.

［46］任继愈.中国哲学史［M］.北京：人民出版社，1979.

［47］［苏联］日丹诺夫.在关于亚历山大洛夫著"西欧哲学史"一书讨
论会上的发言［M］.李立三，译.北京：人民出版社，1954.

［48］［日］入江昭.全球共同体［M］.颜子龙，李静阁，译.北京：社会
科学文献出版社，2009.

［49］Robert C. Solomon.*The Cross-Cultural Comparison of Emotion，in
Emotions in Asian Thought: A Dialogue In Comparative Philosophy*
［M］. ed. by Joel Marks and Roger T. Ames. Albany: State University
of New York Press， 1995.

［50］王守，卞崇道.日本哲学史教程［M］.济南：山东大学出版社，
1989.

［51］［美］威廉·诺德豪斯.均衡问题：全球变暖的政策选择［M］.王
少国，译.北京：社会科学文献出版社，2009.

［52］William James. *Essays in Radical Empiricism（ERE）*［M］. New
York: Longmans， Green and Co. Reprinted in Lincoln and London:
University of Nebraska Press， 1996.

［53］［法］维吉尔·毕诺.中国对法国哲学思想形成的影响［M］.耿
昇，译.北京：商务印书馆，2000.

［54］吴震.传习录精读［M］.上海：复旦大学出版社，2011.

［55］［德］乌尔里希·贝克，埃德加·格兰德.世界主义的欧洲：第二
次现代性的社会与政治［M］.章国锋，译.上海：华东师范大学出
版社，2008.

［56］萧萐父，许苏民.明清启蒙学术流变［M］.沈阳：辽宁教育出版社，1995.

［57］谢无量.中国哲学史［M］.上海：中华书局，1916.

［58］辛冠洁，等.中国古代著名哲学家评传·序［M］.济南：齐鲁书社，1980.

［59］熊十力全集［M］.武汉：湖北教育出版社，2001.

［60］杨伯峻.论语译注［M］.北京：中华书局，1980.

［61］袁刚，孙家祥，任丙强.民治主义与现代社会：杜威在华讲演集［M］.北京：北京大学出版社，2004.

［62］张立文.朱熹思想研究［M］.北京：中国社会科学出版社，1981.

［63］张立文.和合学:21世纪文化战略的构想［M］.北京：中国人民大学出版社，2006.

［64］张立文.中国哲学思潮发展史［M］.北京：人民出版社，2014.

［65］张立文."自己讲"、"讲自己":中国哲学的重建与传统现代的度越［M］.北京：北京师范大学出版社，2007.

［66］张立文.和合哲学论［M］.北京：人民出版社，2004.

［67］张立文.中国哲学史新编［M］.北京：中国人民大学出版社，2007.

［68］张祥龙.孔子的现象学阐释九讲［M］.上海：华东师范大学出版社，2009.

［69］张允熠，等.中国：欧洲的样板——启蒙时期儒学西传欧洲［M］.合肥：黄山书社，2010.

［70］［法］茨维坦·托多罗夫.启蒙的精神［M］.马利红，译.上海：华东师范大学出版社，2012.

［71］钟泰.中国哲学史［M］.上海：商务印书馆，1929.

［72］周晋.二程与佛教［M］.北京：北京大学出版社，1999.

［73］朱谦之.日本的朱子学［M］.北京：生活·读书·新知三联书店，1958.

［74］朱谦之.日本的古学及阳明学［M］.上海：上海人民出版社，1962.

［75］胡治洪.现代思想衡虑下的启蒙理念［M］.武汉：武汉大学出版社，2011.

论文类

［1］［法］福柯.什么是启蒙？［J］.李康，译.王倪，校.国外社会学，1997（6）.

［2］环保部承认污染导致癌症村［N］.参考消息，2013-02-23.

［3］李存山.程朱的"格君心之非"思想［J］.中国社会科学院研究生院学报，2006（1）.

［4］李秋零.康德与启蒙运动［J］.中国人民大学学报，2010（6）.

［5］联合国绘制健康与气候关联图［N］.参考消息，2012-10-31.

［6］卢风.生态文明建设的哲学依据［N］.光明日报，2013-01-29.

［7］玛雅文明毁灭确与干旱有关［N］.参考消息，2012-02-25，2012-11-10.

［8］南极万年冰架将在2020年消失［N］.参考消息，2015-05-19.

［9］NASA拟用卫星监视各国碳排放［N］.参考消息，2015-05-19.

［10］彭永捷.关于中国哲学史学科的几点思考［N］.中国社会科学院院报，2003-06-05.

［11］彭永捷.论中国哲学史学科存在的合法性危机:关于中国哲学史学科的知识社会学考察［J］.中国人民大学学报，2003（2）.

［12］气候变化将致欧洲巨额经济损失［J］.中国社会科学报，2012-10-17.

［13］全球二氧化碳浓度首超400PPM［N］.参考消息，2015-05-08.

［14］污染造成淄博村庄患癌症者增多［N］.参考消息，2013-04-05.

［15］解振华.绿色发展：实现中国梦的重要保障［N］.光明日报，2013-04-15.

［16］专家认定人类活动导致全球变暖［N］.参考消息，2012-12-16.

［17］中共中央国务院关于加快推进生态文明建设的意见［N］.光明日报，2015-05-06.

［18］赵敦华.何谓"中国启蒙"：论近代中国的三次启蒙［J］.探索与争鸣，2014（10）.